车载网络技术原理与应用

由丽娟　刘海莺　李世霖◎著

中国原子能出版社

图书在版编目（CIP）数据

车载网络技术原理与应用 / 由丽娟，刘海莺，李世霖著.--北京：中国原子能出版社，2023.12

ISBN 978-7-5221-3200-6

Ⅰ.①车…　Ⅱ.①由…②刘…③李…　Ⅲ.①汽车–计算机网络–研究　Ⅳ.①U463.67

中国国家版本馆 CIP 数据核字（2024）第 040817 号

车载网络技术原理与应用

出版发行	中国原子能出版社（北京市海淀区阜成路 43 号　　100048）	
责任编辑	杨　青　陈佳艺	
责任校对	冯莲凤	
责任印制	赵　明	
印　　刷	河北宝昌佳彩印刷有限公司	
经　　销	全国新华书店	
开　　本	787 mm×1092 mm　1/16	
印　　张	14.75	
字　　数	210 千字	
版　　次	2023 年 12 月第 1 版　2023 年 12 月第 1 次印刷	
书　　号	ISBN 978-7-5221-3200-6　　　定　价　76.00 元	

前　言

　　在数字化时代，车载网络技术已成为汽车领域的重要发展方向。随着人们对汽车舒适性、智能化需求的不断增加，车载网络技术的应用领域也愈发广泛。车载网络技术作为一种新型通信技术，通过将车辆内部的各种设备连接到互联网或其他车辆之间进行通信，实现了车辆之间、车辆与基础设施之间的信息交流与共享。本书将对车载网络技术的原理及其应用进行深入探讨。

　　车载网络技术主要基于无线通信技术，通过无线传感器、车载电子设备、车载计算机等设备，实现车辆内部和车辆之间的信息交换。这些设备可以利用 Wi-Fi、蓝牙、长期演进技术等通信技术，实现车辆之间实时的数据传输和通信连接。

　　车载网络技术的应用领域非常广泛，它可以应用于车辆安全领域，如车辆自动驾驶技术，通过车辆之间的通信和数据共享，实现车辆的智能行驶和交通管理。车载网络技术还可以应用于车辆娱乐与信息系统，如车载多媒体系统、智能导航系统等，为驾驶员和乘客提供了丰富的娱乐和信息

服务。车载网络技术还可以应用于车辆远程诊断与维护领域，通过远程监测和诊断车辆的状态，实现对车辆的远程维护和管理。

车载网络技术作为一种新型通信技术，已经在汽车领域得到了广泛应用，并且在未来还将继续发展壮大。通过理解其基本原理和应用领域，可以更好地把握车载网络技术的发展趋势，推动汽车智能化技术的不断进步，提升人们的出行体验和交通安全水平。

目　录

第一章　网络概述

第一节　认识生活中的各种网络

一、社交媒体平台

（一）微信

微信，作为一种社交媒体平台，已经成为人们日常生活中不可或缺的一部分。它不仅是一个即时通讯工具，更是一个集社交、娱乐、商务等多种功能于一身的综合性应用。在当今数字化时代，微信的影响力不断扩大，对人们的生活、工作，甚至社会发展都产生了深远的影响。

微信作为一种社交媒体平台，以其便捷的沟通方式而为人所熟知。通过微信，用户可以随时随地与朋友、家人保持联系，分享生活中的点滴。即时聊天、语音通话、视频通话等功能，让人们的沟通更加便利和生动。这种便捷的沟通方式不仅拉近了人与人之间的距离，也促进了信息的传递与交流，为社会的互动提供了便利的平台。

微信作为一种社交媒体平台，极大地丰富了人们的社交生活。通过朋友圈、群聊等功能，用户可以与更广泛的人群分享自己的见解、感受和生活状态。这种社交模式不仅扩大了人们的社交圈子，也促进了人与人之间的交流与互动。人们可以通过微信结识新朋友，分享共同的兴趣爱好，甚至是建立起商业伙伴关系。微信的社交功能为人们的社会交往提供了更为丰富的可能性，增进了彼此之间的了解和沟通。

微信作为一种社交媒体平台，也成为商业活动的重要载体。通过微信公众号、小程序等功能，商家可以与消费者进行更直接、更便捷的沟通，推广产品、服务，开展营销活动。微信支付的便利性也促进了线上消费的发展，为商家和消费者提供了更加便捷、安全的交易方式。微信的商业功能不仅为企业提供了更广阔的发展空间，也丰富了用户的消费选择，推动了数字经济的发展。

微信作为一种社交媒体平台，已经深刻地改变了人们的生活方式和社会交往模式。它不仅简化了人们的沟通方式，丰富了社交生活，还成为了商业活动的重要渠道。随着科技的不断进步和社会的不断发展，相信在未来，微信将会继续发挥重要作用，为人们的生活和工作带来更多便利和可能性。

（二）微博

微博作为当今信息传播的主要渠道之一，已经深刻改变了人们的生活方式和社交模式。其中，微博作为中国领先的社交媒体平台，扮演着连接个体、传递信息、影响舆论的重要角色。微博的发展不仅推动了信息的快速传播，也引发了诸多社会、文化和经济层面的变革。

微博作为一个开放的信息平台，为用户提供了自由发言的空间，促进了信息的多元传播。任何人都可以在微博上分享自己的观点、感受和经验，这种开放性使得微博成为了一个信息碰撞和交流的平台。在这里，用户可以迅速获取到来自不同领域的信息，拓宽了视野，增加了见识。同时，微博也为广大用户提供了表达自己意见的舞台，为民间声音提供了更多的传播渠道，促进了社会各界的交流与互动。

微博的内容生态丰富多彩，涵盖了新闻、娱乐、时尚、科技等各个领域，满足了用户多样化的需求。无论是政治热点、社会事件还是娱乐八卦，都能在微博上找到相关内容。这种多样性不仅丰富了用户的阅读体验，也为不同行业的内容创作者提供了展示自己的平台，推动了内容产业的繁荣发展。

微博还通过各种形式的社交互动，拉近了用户之间的距离，促进了人际关系的建立和维护。用户可以通过评论、转发、私信等方式与他人进行交流，分享彼此的喜怒哀乐。这种虚拟的社交互动不仅拓展了社交的空间，也为用户提供了一种全新的社交体验，弥补了现实社交中的一些不足。

微博作为社交媒体平台也面临着一些问题和挑战。首先是信息真实性和可信度的问题。在信息爆炸的时代，虚假信息、谣言频频出现，给用户带来了困扰。微博作为信息传播的重要渠道，需要更加严格的信息审核机制和内容管理制度，以保障用户获取到的信息的准确性和可信度。

随着微博用户规模的不断扩大，用户间的交流也面临着过多的信息碎片化和社交噪声的困扰。用户需要花费大量时间和精力去筛选和过滤信息，这对用户的阅读体验和社交质量都带来了一定的影响。因此，微博需要不断优化算法，提升个性化推荐的精准度，为用户呈现更加符合其兴趣和需求的内容。

（三）QQ

在当今数字化时代，QQ 作为一个社交媒体平台，仍然扮演着重要的角色。自问世以来，QQ 就成为了人们日常生活中不可或缺的一部分，尤其在中国，其影响力更是深远。作为一个集即时通信、社交、娱乐等功能于一体的平台，QQ 通过其多样化的功能，极大地丰富了人们的社交生活，为人们的沟通和交流提供了便利。

QQ 作为一种即时通讯工具，以其稳定、快捷的特点而为人所熟知。用户可以通过 QQ 与朋友、家人进行即时文字聊天、语音通话、视频通话等多种形式的沟通。这种便捷的沟通方式不受地域和时间的限制，让人们能够随时随地保持联系，分享彼此的生活和情感。无论是工作上的沟通还是生活中的交流，QQ 都成为人们不可或缺的沟通工具。

QQ 作为一个社交媒体平台，通过 QQ 空间、QQ 群等功能，极大地丰富了人们的社交生活。通过 QQ 空间，用户可以分享自己的生活状态、心情感受，展示自己的生活轨迹和兴趣爱好。而 QQ 群则提供了一个更广泛的社交平台，让用户可以与志同道合的人群聚集在一起，进行更深入的交流和互动。QQ 的社交功能不仅拉近了人与人之间的距离，也促进了人与人之间的情感交流和互动，丰富了人们的社交圈子，让人们感受到更多的温暖和关爱。

除此之外，QQ 还是一个集娱乐功能于一体的社交媒体平台。通过 QQ 游戏、QQ 音乐等功能，用户可以在闲暇时享受到各种娱乐活动带来的乐趣。QQ 游戏提供了各种类型的游戏供用户选择，无论是单人游戏还是多人联机游戏，都能让用户尽情享受游戏的乐趣。而 QQ 音乐则为用户提供了丰富的音乐资源，无论是流行歌曲还是经典老歌，都能满足用户的不同需求。QQ 的娱乐功能丰富了人们的生活，为他们的日常生活增添了更多的乐趣和色彩。

随着科技的不断发展和社会的不断进步，相信 QQ 将会继续发挥着重要的作用，为人们的生活带来更多的便利和乐趣。

二、视频分享平台

（一）Bilibili（哔哩哔哩）

Bilibili 作为一家知名的视频分享平台，不仅是一个集视频观看、评论、分享于一体的平台，更是一个充满活力和创意的社区。其独特的文化和功能吸引了大量用户，成为了中国互联网文化的重要一环。在这个数字时代，

Bilibili 扮演着许多重要的角色，不仅是一个视频分享平台，更是年轻人自我表达、社交互动的重要场所。

在 Bilibili 上，用户可以轻松分享自己的创作，无论是原创视频、二次创作还是转载内容，都可以在这里找到自己的粉丝群体。这种开放的分享机制为更多的人提供了展示自我的机会，也为用户之间的交流搭建了桥梁。与此同时，Bilibili 注重对原创内容的保护，为创作者提供了一定的权益保障，这为平台上优质内容的涌现提供了保障。

与其他视频平台相比，Bilibili 更注重用户之间的互动和交流。通过评论、弹幕等功能，观众可以与视频内容进行实时互动，分享自己的看法和感受，这种互动模式使得用户更愿意参与其中，增强了用户的黏性。Bilibili 还设有各种专栏、话题讨论区等功能，为用户提供了更多的交流空间，形成了一个充满活力和创意的社区。

作为一个以年轻用户为主要受众群体的平台，Bilibili 不仅是一个视频分享平台，更是一个集合了游戏、动漫、文化等多种元素的综合性平台。在 Bilibili 上，用户可以找到各种各样的内容，满足不同人群的需求。这种多元化的内容生态为 Bilibili 吸引了大量用户，也使得平台上的内容更加丰富多彩。

除了内容丰富多样外，Bilibili 还注重用户体验和社区建设。平台上的技术不断创新，为用户提供更加流畅的观看体验，同时，Bilibili 也不断推出各种活动和功能，增强用户的参与感和归属感。这种良好的用户体验和社区氛围为 Bilibili 赢得了良好的口碑和用户忠诚度。

Bilibili 作为一个视频分享平台，不仅是一个内容聚合的地方，更是一个充满活力和创意的社区。其独特的文化和功能吸引了大量用户，成为中国互联网文化的重要一环。随着数字时代的不断发展，相信 Bilibili 在未来会继续发挥重要作用，为用户提供更加丰富多彩的内容和更好的社区体验。

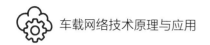

（二）快手

快手作为一家知名的短视频分享平台，在中国互联网行业中扮演着重要的角色。与 Bilibili 等平台相比，快手的特点更加注重用户的生活化和真实性，成为许多用户记录生活、分享快乐的首选平台。其独特的社区氛围和功能设计吸引了大量用户，成为了中国互联网文化中不可或缺的一部分。

在快手上，用户可以轻松记录生活中的点滴，与朋友分享自己的所见所闻。不同于其他视频平台，快手更加注重用户的真实性和生活化，用户可以通过视频展示自己的日常生活、工作经历，甚至是心情感受，这种真实性赢得了大量用户的青睐。快手上的内容多样且贴近生活，使得用户更加容易产生共鸣，提高了用户对平台的归属感和忠诚度。

与此同时，快手也致力于打造一个充满活力和互动的社区。通过评论、点赞、分享等功能，用户可以与视频作者进行实时互动，分享自己的看法和感受，这种互动模式增强了用户之间的联系，形成了一个紧密的社区。快手还注重内容的推荐和个性化定制，为用户提供了更加丰富和个性化的内容体验，增强了用户的黏性和活跃度。

快手作为一个以短视频为主要形式的平台，注重用户对视频内容的创作和分享。无论是搞笑、美食、旅行还是知识分享，用户都可以在快手上找到自己感兴趣的内容。与此同时，快手还为优质创作者提供了一定的收益机制，激励用户创作更多优质内容，这种双赢的模式促进了平台内容的持续更新和提升。

在技术方面，快手也不断创新，为用户提供更加流畅和便捷的使用体验。平台不断优化视频加载速度、推荐算法等，为用户提供更加智能化的服务。快手还注重用户数据的安全和隐私保护，为用户提供了一定的安全保障，增强了用户对平台的信任感。

随着数字时代的不断发展，相信快手在未来会继续发挥重要作用，为用户提供更加丰富多彩的内容和更好的社区体验。

三、图片分享平台

（一）朋友圈

朋友圈，作为图片分享平台，以其简洁直观的界面和便捷的分享方式，成为人们日常生活中分享瞬间、记录心情的主要渠道。它不仅提供了一个展示个人生活、交流感受的空间，还通过图片、文字、表情等多种形式，丰富了用户间的社交互动，成为了人们生活中不可或缺的一部分。

人们可以通过在朋友圈分享图片来展示自己的生活状态、旅行经历、美食享受等，让朋友圈成为一个个人独特风格和生活足迹的展示窗口。与传统文字表达相比，图片更具有直观性和感染力，能够更好地吸引他人的注意和共鸣，从而促进社交互动和情感沟通。

用户可以在朋友圈中进行评论、点赞、转发等各种互动，表达对好友的祝福、赞美或者共鸣，增强了用户间的情感联系。这种社交互动不仅让用户感受到被关注和关心，也为用户提供一个交流感情、分享心情的平台，丰富了社交的形式和内容。

朋友圈还通过精准的推荐算法和个性化的内容展示，为用户提供了更加符合其兴趣和需求的内容体验。基于用户的浏览历史、点赞行为等数据，朋友圈能够智能地推荐与用户兴趣相关的内容，为用户呈现更加个性化的内容流。这种个性化推荐不仅优化了用户的阅读体验，也促进了用户对平台的黏性和忠诚度，推动了朋友圈的持续发展。

朋友圈的使用也面临一定的问题。首先是用户隐私和信息安全的问题。随着用户对个人隐私保护意识的提高，人们对于朋友圈中的个人信息泄露和隐私侵犯越来越担忧。朋友圈需要加强对用户隐私的保护措施，建立健全的信息安全管理机制，保障用户的个人信息不被非法获取和滥用。

随着用户对朋友圈的使用频率增加，人们可能会陷入到过度关注他人生活、攀比心理等不良情绪中。为了避免这种社交焦虑，用户需要适度控制自己的使用时间和行为，保持理性和平衡的心态，真正享受社交带来的乐趣。

（二）微博图片

在当今数字化时代，微博作为一种图片分享平台，已经成为人们日常生活中不可或缺的一部分。微博以其便捷的图片分享功能，吸引了亿万个用户在其平台上分享生活、记录点滴，并与他人交流互动。作为一个集图片分享、社交互动、信息传递于一体的平台，微博为用户提供了丰富多彩的内容，极大地丰富了人们的社交生活，成为了人们日常生活中重要的一环。

微博作为一种图片分享平台，为用户提供了便捷的图片发布和分享功能。用户可以通过微博将自己拍摄的照片上传至平台，与朋友、粉丝分享自己的生活点滴。无论是美食、旅行、自然风光还是个人日常，用户都可以通过图片向他人展示自己的生活状态和所见所闻。这种图片分享的形式不仅丰富了用户的内容表达方式，也拉近了用户与他人之间的距离，增进了彼此之间的了解和互动。

微博作为一个社交平台，通过图片分享功能，极大地丰富了人们的社交生活。通过关注他人的微博，用户可以及时了解到朋友、明星、网红等的最新动态，并与他们进行互动。用户可以对他人的图片进行点赞、评论，表达自己的喜爱和观点，也可以转发他人的图片分享，扩大内容的传播范围。这种社交互动不仅拉近了人与人之间的距离，也促进了用户之间的交流和互动，丰富了用户的社交圈子，增进了用户之间的情感交流。

微博作为一个信息传递平台，通过图片分享功能，也成为了用户获取信息的重要渠道。用户可以通过关注各种官方账号、自媒体账号等，了解到最新的新闻、资讯、时事热点等。这些信息往往以图片的形式呈现，更加生动直观，吸引用户的注意力。用户可以通过微博浏览图片，快速获取到自己感兴趣的信息，丰富自己的知识储备，了解到社会的最新动态。

微博作为一种图片分享平台，通过其便捷的图片发布和分享功能，丰富了用户的社交生活，拉近了人与人之间的距离，促进了信息的传递和交流。随着科技的不断发展和社会的不断进步，相信微博将会继续发挥着重要的作用，为人们的生活带来更多的便利和乐趣。

第二节 计算机网络基本认识

一、计算机网络基础概念

（一）计算机网络的定义

计算机网络是指将多台计算机通过通信设备和通信线路连接起来，实现数据交换和资源共享的系统。它是现代信息技术的核心基础，为人们的生活和工作提供了极大的便利。

计算机网络的基础概念包括网络拓扑、协议、传输介质和网络设备等。网络拓扑是指计算机网络中各个节点之间的连接方式，常见的拓扑结构包括星形、总线形、环形和网状形。协议是计算机网络中用于规定通信规则和数据格式的约定，常见的网络协议包括 TCP/IP、HTTP、FTP 等。传输介质是指数据在计算机网络中传输的物理介质，常见的传输介质包括铜缆、光纤和无线电波。网络设备是指用于连接和控制计算机网络的硬件设备，常见的网络设备包括交换机、路由器、网卡等。

计算机网络的作用主要体现在数据通信和资源共享两个方面。数据通信是计算机网络最基本的功能，它使得不同地点的计算机可以通过网络互相通信，实现数据的传输和交换。资源共享是指计算机网络中各个节点之

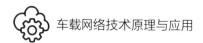

间可以共享数据、打印机、存储设备等资源，提高资源利用率和工作效率。

计算机网络的发展对人类社会产生了深远的影响。它使得信息传播更加迅速和高效，改变了人们的生活方式和工作方式。例如，互联网的普及使得人们可以通过网络购物、在线学习、远程办公等方式来满足各种需求。同时，计算机网络也带来了一些问题和挑战，如网络安全、隐私保护等方面的问题需要引起重视和解决。

计算机网络作为现代信息技术的核心基础，对人类社会产生了巨大的影响。它不仅实现了数据通信和资源共享，还改变了人们的生活方式和工作方式，成为推动社会发展的重要力量。

计算机网络在现代社会中具有极其重要的地位和作用。它们连接了世界各地的计算机和设备，使得信息的传输和交流变得更加快捷、便利和高效。

（二）计算机网络的组成要素

1. 终端设备

终端设备，是指连接到计算机网络的最终用户设备，如个人电脑、智能手机、平板电脑等。这些设备通过计算机网络进行通信和数据交换，构成了网络中的节点。在计算机网络中，终端设备扮演着重要的角色，它们是信息交流和共享的载体，通过网络连接实现了人与人、人与机器之间的沟通和协作。

计算机网络是由多个终端设备通过通信链路相互连接而成的。通信链路是指连接终端设备之间的物理介质，如光纤、电缆等，以及通过这些物理介质传输数据的通信协议。通过这些通信链路，终端设备可以实现相互之间进行数据传输和通信。

网络拓扑结构是指计算机网络中各个节点之间连接的方式和布局。常见的网络拓扑结构包括星形、总线形、环形、网状形等。在星形拓扑结构中，所有的终端设备都连接到一个中央节点，形成一个星形的结构；在总线型拓扑结构中，所有的终端设备都连接到一根总线上；在环形拓扑结构中，所有的终端设备按照环形连接起来；在网状形拓扑结构中，终端设备通过交换机或路由器连接起来，形成了网络状结构。

网络协议是指在计算机网络中用于规定数据通信格式和通信规则的约定和规范。常见的网络协议包括 TCP/IP 协议、HTTP 协议、FTP 协议等。TCP/IP 协议是互联网上使用的一种通信协议，它规定了数据在网络中的传输方式和传输规则；HTTP 协议是超文本传输协议，用于在 Web 上进行超文本文档的传输；FTP 协议是文件传输协议，用于在网络上进行文件的传输和共享。

数据传输是指在计算机网络中将数据从一个终端设备传输到另一个终端设备的过程。数据传输可以通过有线或无线的方式进行。在有线传输中，数据通过电缆、光纤等物理介质进行传输；在无线传输中，数据通过无线电波进行传输。数据传输的速度和稳定性受到物理介质和通信协议的影响，通常会受到距离、信号干扰等因素的影响。

终端设备是计算机网络中的重要组成部分，它们通过通信链路相互连接，构成了网络中的节点。网络拓扑结构、网络协议和数据传输是计算机网络中的基础概念，它们规定了网络中数据通信的方式和规则，保证了网络的正常运行和稳定性。

2. 通信设备

通信设备是现代社会中至关重要的一部分，它们构成了计算机网络的基础。计算机网络是由多个通信设备相互连接而成的，通过这些设备，信息可以在不同地点之间进行传输和交换。这些设备包括路由器、交换机、网卡等，它们在网络中扮演着不同的角色。

路由器是网络中的关键设备之一，它负责将数据包从一个网络传输到另一个网络。路由器根据数据包的目的地址来确定传输路径，并选择最佳路径将数据包传送到目的地。交换机则负责在局域网内部进行数据包的转发，它们通过学习和记忆网络中不同设备的局域网地址来确定数据包的转

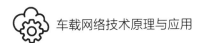

发路径，从而实现快速的数据交换。

网卡是连接计算机与网络之间的接口设备，它负责将计算机中的数据转换成网络中的数据包，并将接收到的数据包转换成计算机可以理解的形式。网卡通过物理连接与计算机相连，同时支持不同的网络协议，如以太网、Wi-Fi等，从而实现与不同类型网络的连接。

除了这些常见的通信设备外，还有一些其他的设备也在计算机网络中发挥着重要的作用。比如集线器、调制解调器等，它们在网络中起着连接和转换信号的作用，帮助不同设备之间进行通信。

通信设备是构成计算机网络的基础，它们通过相互连接和协作，实现了信息的传输和交换。这些设备扮演着不同的角色，在网络中发挥着各自的功能，共同构建了一个完整的网络系统，为人们的生活和工作提供了便利和支持。

二、计算机网络的基本原理

（一）开放式系统互联参考模型

1. 数据链路层

开放式系统互联（OSI）参考模型是国际标准化组织（ISO）制定的一个用于计算机网络体系结构的参考模型。该模型将计算机网络分为七个层次，分别是物理层、数据链路层、网络层、传输层、会话层、表示层和应用层，每个层次都有特定的功能和责任。其中，数据链路层是OSI参考模型中的第二层，负责在相邻节点之间传输数据，确保数据的可靠传输。

数据链路层主要负责将数据包转换为比特流，并通过物理介质进行传输。它的主要功能包括帧的组装和解析、错误检测和纠正、流量控制和访问控制等。在数据链路层中，数据被分割成小的数据帧，并添加了控制信息（如帧起始标记、目的地址、源地址、帧类型等），以确保数据的可靠传输。同时，数据链路层还负责检测和纠正数据传输过程中的错误，保证数据的完整性和可靠性。

数据链路层在 OSI 参考模型中扮演着重要的角色，它连接了物理层和网络层，是实现端到端通信的关键。通过数据链路层，不同的网络设备可以进行数据交换和通信，实现数据的传输和共享。在现代计算机网络中，数据链路层通常由网络适配器（网卡）和交换机等设备实现，它们通过物理介质（如以太网、无线电波等）连接并进行数据传输。数据链路层通过帧的组装和解析、错误检测和纠正等功能，保证了数据的完整性和可靠性，是计算机网络中实现数据通信的关键。

2. 网络层

网络层是 OSI 参考模型中的第三层，上层是传输层，下层是数据链路层，负责在不同的网络之间进行数据传输和路由。它的主要功能是将数据分组从源主机传输到目标主机，同时负责解决数据传输过程中的路由和拥塞等问题。网络层的设计和实现对于建立稳定、高效的计算机网络至关重要。它通过网络地址和路由器等网络设备来实现数据包的传输和路由。网络层的主要任务包括地址分配、数据分组、路由选择和拥塞控制等，它们共同构成了网络层的基本功能和运行机制。

网络层的一个重要概念是 IP 地址，它是用来标识网络中的每个设备和主机的唯一地址。IP 地址分为 IPv4 和 IPv6 两种类型，其中 IPv4 地址由 32 位二进制数表示，而 IPv6 地址由 128 位二进制数表示。IP 地址的分配和管理由互联网工程任务组（IETF）负责，它们制定了一系列的协议和标准来规范 IP 地址的分配和使用。

另一个重要概念是路由器，它是网络层中用来转发数据包的设备。路由器根据目标地址和路由表来决定数据包的转发路径，从而将数据包从源地址传输到目标地址。路由器的工作原理是在考虑网络拓扑和链路负载等因素的基础上根据最佳路径算法来选择最短的路径并进行数据传输。

除了路由器外，网络层还涉及到一些其他的网络设备和协议，如网关、

IP 协议、ICMP 协议和 ARP 协议等。它们共同构成了网络层的基本组成部分，负责实现数据包的传输和路由。

网络层是 OSI 参考模型中的一个重要组成部分，它负责在不同的网络之间进行数据传输和路由。理解和掌握网络层的基本概念对于建立稳定、高效的计算机网络至关重要，它不仅可以提高数据传输的效率，还可以保护网络中的数据安全和隐私。

（二）TCP/IP 协议族

1. TCP 协议

TCP 协议是一种在计算机网络中常用的通信协议，它负责在网络中可靠地传输数据。TCP 协议是 OSI 参考模型中的传输层协议之一，负责在不可靠的网络环境中确保数据的可靠传输。

TCP 协议位于 OSI 参考模型的传输层，它通过建立连接、数据分段、流量控制、拥塞控制等机制来确保数据的可靠传输。TCP 协议采用面向连接的通信方式，通信双方在数据传输之前必须先建立连接，然后才能进行数据传输，传输完成后再关闭连接。

TCP 协议的可靠传输是通过序列号、确认应答、超时重传等机制来实现的。发送端将数据分成多个数据段，并为每个数据段分配一个序列号，接收端在接收到数据段后发送确认应答，并根据序列号对数据进行排序和重组，从而保证数据的正确性和完整性。如果发送端在规定的时间内未收到接收端的确认应答，就会认为数据丢失或损坏，触发超时重传机制，重新发送数据。

除了可靠传输之外，TCP 协议还实现了流量控制和拥塞控制机制。流量控制是指在发送端和接收端之间协调数据传输速率的过程，避免发送端发送过多的数据导致接收端无法及时处理；拥塞控制是指在网络拥塞时调整数据传输速率的过程，避免网络拥塞导致数据丢失和延迟。

2. UDP 协议

UDP 协议是一种在计算机网络中常用的传输层协议，它提供了一种简单的无连接数据传输服务。UDP 协议的设计旨在提供高效的数据传输，适用于一些对数据传输速度要求较高，而对数据可靠性要求较低的应用场景。

UDP 协议位于 OSI 参考模型的传输层，它与 TCP 协议一样，负责在网络中传输数据，但与 TCP 协议不同的是，UDP 协议是一种无连接的协议，不需要在数据传输之前进行建立连接的操作，因此在数据传输效率上要比 TCP 协议高。

UDP 协议的特点之一是它的简单性，它只提供了数据传输的最基本功能，没有复杂的连接管理和流量控制机制，因此可以更快速地传输数据。UDP 协议也支持多播和广播等特性，使得它在一些实时应用场景下具有优势，如音视频流媒体等。

UDP 协议也存在一些缺点，最主要的就是它不提供数据的可靠性保证，数据在传输过程中可能会丢失或乱序，因此不适用于对数据完整性要求较高的应用场景。UDP 协议也没有拥塞控制机制，当网络拥塞时可能会导致数据丢失或延迟增加。

第三节　认识网络体系结构

一、网络体系结构概述

（一）网络基础概念

1. 计算机网络的定义和分类

计算机网络是一种互联的系统，它通过通信设备和通信线路将多台计算机连接起来，实现数据交换和资源共享。计算机网络可以根据其覆盖范

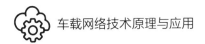

围、拓扑结构、传输介质等不同特征进行分类。

根据覆盖范围的不同，计算机网络可以分为局域网（Local Area Network，LAN）、城域网（Metropolitan Area Network，MAN）、广域网（Wide Area Network，WAN）和全球范围的互联网（Internet）。局域网覆盖范围较小，通常局限于某个建筑物或者校园内部；城域网覆盖范围稍大，通常涉及城市范围内的多个地区；广域网覆盖范围更大，通常涉及多个城市或者国家；而互联网则是连接全球的计算机网络。

根据网络的拓扑结构，计算机网络可以分为星形网络、总线形网络、环形网络和网状网络等不同类型。星形网络中，所有的计算机都直接连接到一个中心节点；总线形网络中，所有的计算机都连接到同一根传输介质上；环形网络中，所有的计算机按照环形连接方式相互连接；而网状网络中，计算机之间可以有多条路径进行连接，形成复杂的网络结构。

根据传输介质的不同，计算机网络可以分为有线网络和无线网络两种类型。有线网络使用有线传输介质（如铜缆、光纤等）进行数据传输，具有较高的传输速度和稳定性；无线网络则使用无线传输介质（如无线电波、红外线等）进行数据传输，具有更大的覆盖范围和灵活性。

计算机网络的发展和应用，对人类社会产生了深远的影响，成为现代信息社会的重要基础。

2. 网络通信的基本原理

网络通信的基本原理是通过计算机网络将数据从一个地点传输到另一个地点。这种通信是通过物理介质（如电缆、光纤或无线信号）将数据包传输到目标设备。通信过程中涉及到多个关键元素和步骤，包括数据编码、调制解调、数据传输、网络协议等。

数据编码是将数字信号转换为模拟信号或其他形式的过程。在计算机网络中，数据通常以数字形式存在，但传输过程中可能需要将其转换为模拟信号。这种转换过程称为数据编码，常用的数据编码技术包括脉冲编码调制（PCM）、频移键控（FSK）、相移键控（PSK）等。

调制解调是将数字信号转换为模拟信号和将模拟信号转换为数字信号的过程。调制是将数字信号转换为模拟信号，而解调是将模拟信号转换为数字信号。调制解调器是用于实现这一过程的设备，它们通常包含了调制器和解调器两个部分，用于在发送端和接收端之间进行信号转换。

数据传输是网络通信的核心过程，它涉及将数据包从源设备传输到目标设备的过程。在数据传输过程中，数据包通过物理介质（如电缆或无线信号）传输到目标设备。数据传输的过程中可能会涉及到路由、转发和检错等操作，以确保数据能够准确、高效地传输到目标设备。

网络协议是实现网络通信的关键技术之一，它定义了数据传输过程中的规则和约定。网络协议包括物理层协议、数据链路层协议、网络层协议、传输层协议、应用层协议等。这些协议共同构成了网络通信的基本框架和运行机制，确保了数据能够在网络中准确、安全地传输。

理解和掌握这些基本原理，对于建立稳定、高效的计算机网络至关重要，它可以提高数据传输的效率，保护数据的安全和隐私。

（二）网络体系结构的重要性

计算机网络体系结构是网络世界中的基石。它类似于建筑领域中的设计蓝图，为整个网络的结构、功能和交互方式提供了指导和规划。网络体系结构的重要性体现在以下多个方面。

第一，网络体系结构提供了网络组织和管理的框架。通过明确定义不同层次的网络组件及它们之间的交互方式，网络体系结构使得网络结构变得清晰有序。这种层次化的设计有助于网络管理员更好地配置、监控和维护网络，提高了网络的稳定性和安全性。

第二，网络体系结构促进了网络设备和软件的标准化和互操作性。在一个统一的体系结构下，不同厂商和组织可以遵循相同的标准开发和实现网络设备和软件，从而确保它们之间的兼容性和互操作性。这种标准化的设计降低了网络部署和维护的成本，并且提高了网络设备和软件

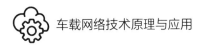

的选择余地。

第三，网络体系结构规定了数据在网络中的传输和通信方式。通过定义不同层次的网络协议和功能，网络体系结构将数据传输和通信过程划分为不同的层次，每个层次负责不同的功能。这种分层的设计使得数据传输和通信过程更加清晰、简单，便于网络设备和软件的设计和实现。

第四，网络体系结构为网络性能优化和资源管理提供了基础。通过定义不同层次的网络协议和功能，网络体系结构可以根据不同的需求和场景对网络资源进行管理和调配，从而实现网络性能的优化和资源的有效利用。这种优化和管理能力使得网络可以更加高效地运行和管理，提高了网络的性能和可靠性。

计算机网络体系结构是网络世界中的基石，它为整个网络的结构、功能和交互方式提供了指导和规划。网络体系结构的重要性体现在网络组织和管理的框架、网络设备和软件的标准化和互操作性、数据传输和通信的规范以及网络性能优化和资源管理等方面。在设计和实施网络时，应充分考虑网络体系结构的重要性，以确保网络的稳定性、安全性和高效性。

二、常见的网络体系结构类型

（一）OSI 参考模型

OSI 模型是一种通信协议体系结构，将计算机网络通信的各个层次划分为七层，即物理层、数据链路层、网络层、传输层、会话层、表示层和应用层。每一层都负责不同的功能，通过协议栈的方式相互配合，实现数据在网络中的传输和处理。

物理层是 OSI 参考模型的最底层，它负责传输原始的比特流，通过物理介质将数据从一个节点传输到另一个节点，定义了物理介质的传输特性和接口标准，如电压、光强度等。

数据链路层建立在物理层之上，负责在相邻节点之间传输数据帧，确保数据的可靠传输。通过帧的开始和结束标记来进行数据的分割和组装，同时还负责物理地址的寻址和错误检测。

网络层是 OSI 参考模型的第三层，它负责在不同网络之间进行数据的路由和转发。它的主要功能是实现数据包的分组、选择最佳路径和跳数，以及数据包的封装和解封，通过 IP 地址来标识不同主机和网络，实现数据的传输和交换。

传输层位于网络层之上，是 OSI 参考模型的第四层，主要负责端到端的数据传输，通过端口号来标识不同的应用程序，实现数据的可靠传输和流量控制。

会话层是 OSI 参考模型的第五层，负责建立、管理和终止通信会话，通过协议来实现不同主机之间的通信，如 TCP/IP 协议。

表示层负责数据的格式化和编码，将不同的数据格式转换成网络可以传输的格式，例如，将图片、视频等数据转换成二进制流进行传输。

应用层是 OSI 参考模型的最顶层，负责为用户提供各种网络服务和应用程序，例如，Web 浏览器、电子邮件客户端等。它通过各种协议来实现不同的应用功能，例如，HTTP 协议用于 Web 浏览，SMTP 协议用于电子邮件传输等。

除了 OSI 参考模型外，还有一些常见的网络体系结构类型，如，TCP/IP 体系结构、以太网体系结构等。TCP/IP 体系结构是一种常用的网络体系结构，它基于 TCP/IP 协议族，将网络通信划分为四个层次，包括网络接口层、网络层、传输层和应用层，与 OSI 参考模型相似，但是更加简洁和实用。

以太网体系结构是一种基于以太网技术的网络体系结构，它主要用于局域网通信，采用 CSMA/CD 技术进行数据传输，具有简单、灵活和高效的特点，广泛应用于各种局域网环境中。

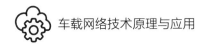

（二）网络体系结构

1. 网络体系结构类型

常见的网络体系结构类型包括两层体系结构、三层体系结构和多层体系结构。两层体系结构是最简单的网络体系结构类型，它将网络中的计算资源划分为客户端和服务器两个层次。客户端负责向服务器发送请求，而服务器则负责响应客户端的请求并提供相应的服务或资源。

三层体系结构在两层体系结构的基础上增加了一个中间层，通常称为应用服务器或业务逻辑层。应用服务器负责处理客户端的请求并提供相应的服务或资源，它与数据库服务器或其他后端系统进行通信，以获取所需的数据或执行相应的业务逻辑。三层体系结构通常用于构建复杂的网络应用或分布式系统。

多层体系结构是在三层体系结构的基础上进一步增加了多个层次，通常包括表示层、会话层、传输层等。每个层次负责处理特定的功能或任务，通过分层的方式实现网络中的数据传输和处理。多层体系结构通常用于构建大型的企业级应用或分布式系统，以实现更高的性能、可靠性和可扩展性。

2. 客户端－服务器体系结构

客户端－服务器体系结构是一种常见的网络体系结构类型，它将网络中的计算资源划分为两类，客户端和服务器。客户端是指向服务器请求服务或资源的设备或程序，而服务器则是提供服务或资源的设备或程序。这种体系结构通过分工合作的方式，实现了网络中的资源共享和服务提供。

客户端是网络体系结构中的请求方，它通过向服务器发送请求来获取所需的服务或资源。客户端可以是用户终端设备上运行的程序，也可以是嵌入式系统或其他设备上的程序。客户端向服务器发送请求时，通常会提供所需的参数和信息，以便服务器能够正确地处理请求并返回相应的结果。

服务器是网络体系结构中的提供方，它负责接收客户端的请求并提供相应的服务或资源。服务器可以是专门的服务器设备，也可以是运行在计算机上的服务器程序。服务器接收到客户端的请求后，会根据请求的类型和内容进行相应的处理，并将处理结果返回给客户端。

（1）工作原理与应用场景

客户端－服务器体系结构的工作原理是建立在客户端和服务器之间的分工合作基础上。客户端是指终端用户使用的设备，如个人电脑、智能手机等，它们通过网络向服务器发送请求，并接收服务器返回的响应。服务器是指提供服务或资源的设备，如 Web 服务器、文件服务器等，它们接收客户端的请求，并根据请求提供相应的服务或资源。

客户端－服务器体系结构具有多种应用场景。其中，最常见的应用场景之一是 Web 应用。在 Web 应用中，客户端通常是 Web 浏览器，而服务器则是 Web 服务器。客户端通过 Web 浏览器向 Web 服务器发送 HTTP 请求，并接收服务器返回的 HTML 页面、图像、视频等资源，从而实现了网页的浏览和交互。

另一个常见的应用场景是文件共享。在文件共享应用中，客户端可以是个人电脑或其他设备，而服务器则是文件服务器。客户端通过网络向文件服务器发送文件请求，并接收服务器返回的文件或文件列表，从而实现了文件的共享和访问。

客户端－服务器体系结构还广泛应用于数据库管理系统（DBMS）、电子邮件系统、即时通讯系统等各种网络应用中。在这些应用中，客户端向服务器发送请求，并接收服务器返回的数据或信息，从而实现了数据的管理、交换和通信。

（2）客户端－服务器体系结构的优缺点

客户端－服务器体系结构的优点之一是它的灵活性和可扩展性。客户端和服务器之间的分工明确，分别负责不同的任务，使得系统更加模块化和易于管理。同时，由于服务器的集中管理，可以更加容易地进行系统的升级和扩展，满足不断增长的用户需求。

另一个优点是客户端－服务器体系结构具有良好的安全性和可控性。通过对服务器的集中管理，可以实现对用户权限和数据访问的精细控制，确保数据的安全性和完整性。同时，服务器端的应用程序也可以对客户端进行验证和身份认证，防止未经授权的访问。

客户端－服务器体系结构也存在一些缺点。其中之一是单点故障的问题，由于服务器集中管理，一旦服务器发生故障或宕机，就会导致整个系统的服务中断。为了解决这个问题，通常需要采用备份服务器或负载均衡技术来提高系统的可靠性和稳定性。

另一个缺点是网络通信的延迟和带宽限制。由于客户端和服务器之间需要通过网络进行通信，数据传输速度受到网络带宽和延迟的影响，可能会影响用户体验。特别是在网络负载较高或网络环境不稳定的情况下，可能会出现通信延迟和数据丢失的问题。

客户端－服务器体系结构是一种灵活可扩展、安全可控的网络体系结构，适用于许多不同的应用场景。它也面临着单点故障和网络通信延迟等挑战，需要通过备份服务器、负载均衡等技术来提高系统的可靠性和性能。

第二章　车载网络技术

第一节　车载网络技术概述

一、车载网络技术的定义

（一）车载网络技术的基本概念

车载网络技术是指将车辆内部的各种电子设备和系统通过网络连接起来，实现数据交换和资源共享的技术。它是现代汽车智能化和互联化的重要组成部分，为车辆提供了更智能、更安全、更便捷的功能和服务。

车载网络技术的基本概念包括车辆内部网络、通信技术和网络协议等。车辆内部网络是指连接车辆内部各种电子设备和系统的网络，包括车载娱乐系统、车载导航系统、车载通信系统等。通信技术是指用于车辆内部网络之间进行数据交换和通信的技术，包括有线通信技术（如 CAN 总线、Ethernet）和无线通信技术（如 Wi-Fi、Bluetooth、5G 等）。网络协议是指车辆内部网络中用于规定通信规则和数据格式的约定，常见的车载网络协议包括 CAN 协议、Ethernet 协议、TCP/IP 协议等。

车载网络技术的主要功能包括车辆信息娱乐、车载导航、车辆监控和车辆通信等。车辆信息娱乐功能可以为驾驶员和乘客提供丰富多彩的娱乐内容，如音乐、视频、游戏等。车载导航功能可以为驾驶员提供准确的导航服务，包括实时路况信息、导航路线规划、语音导航等。车辆监控功能可以实时监测车辆的状态和行驶情况，包括车速、油耗、车辆健康状态等。车辆通信功能可以实现车辆之间和车辆与外部网络之间的数据交换和通信，包括车载通信系统、车辆对车辆通信、车辆对基础设施通信等。

车载网络技术的发展对汽车产业和交通运输产业产生了深远的影响。它提高了汽车的智能化水平，提高了驾驶员和乘客的舒适性和安全性，促进了交通运输的智能化和互联化发展。未来，随着技术的不断进步和应用场景的不断拓展，车载网络技术将继续发挥重要作用，为人们的出行和交通运输带来更多的便利和安全。

（二）车载网络技术的重要性

车载网络技术的重要性在于它为汽车提供了连接和通信的能力，使得汽车可以与其他车辆、道路基础设施和互联网进行实时交互。这种技术不仅提升了汽车的安全性和便利性，还为智能交通系统和自动驾驶技术的发展提供了重要支持。

车载网络技术可以提升汽车的安全性。通过车载网络，汽车可以与其他车辆和道路基础设施进行实时通信，从而实现车辆之间的交通协调、避免车辆之间的碰撞。例如，车载网络可以实现车辆之间的跟车控制和自动刹车，减少交通事故的发生。车载网络还可以提供实时的交通信息和路况提示，帮助驾驶员更好地规划行驶路线和避开拥堵区域。

车载网络技术可以提升汽车的便利性和舒适性。通过车载网络，汽车可以与智能手机、智能家居设备和云端服务进行连接，实现多种功能和服务的智能控制和管理。例如，驾驶员可以通过车载网络远程控制汽车的空调、音响和导航系统，提升驾驶的舒适性和便利性。车载网络还可以提供个性化的娱乐和信息服务，优化驾驶者的驾驶体验。

车载网络技术为智能交通系统和自动驾驶技术的发展提供了重要支持。通过车载网络，汽车可以实现与道路基础设施和其他车辆的实时通信，从而实现车辆之间的智能协同和自动化控制。例如，车载网络可以实现车辆之间的车辆间通信（V2V）和车辆与基础设施通信（V2I），实现车辆的实时感知和智能决策。车载网络还可以实现车辆与云端服务的连接，实现车辆的远程监控和管理，为智能交通系统的建设和自动驾驶技术的应用提供了重要支持。

二、车载网络技术的关键特点

车载网络技术是指将互联网和通信技术应用于汽车领域，实现车辆之间、车辆与基础设施之间以及车辆与乘客之间的信息交流和数据传输。其关键特点主要包括以下几个方面。

第一，车载网络技术具有高度的可靠性和稳定性。在车载环境中，通信信道常常受到移动速度、信号干扰、多路径传播等因素的影响，因此车载网络技术需要具备较高的抗干扰能力和稳定性。为了确保数据的可靠传输，车载网络技术通常采用多路径传输、信道编码和纠错码等技术来提高数据传输的成功率和稳定性。

第二，车载网络技术具有低延迟和高带宽的特点。在车载应用中，数据传输的实时性和响应速度至关重要，因此车载网络技术需要具备低延迟和高带宽的特点，以确保数据的及时传输和处理。为了实现低延迟和高带宽，车载网络技术通常采用高速数据传输协议和优化的数据传输算法，以提高数据传输的效率和速度。

第三，车载网络技术具有灵活性和可扩展性。随着车载应用的不断发展和变化，车载网络技术需要具备灵活的网络结构和可扩展的网络架构，以满足不同车载应用的需求和要求。为了实现灵活性和可扩展性，车载网络技术通常采用模块化设计和分布式架构，以便根据实际情况进行网络配置和扩展。

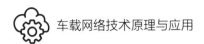

第四，车载网络技术还具有安全性和隐私保护的特点。在车载环境中，车辆和乘客的安全和隐私是至关重要的，因此车载网络技术需要具备高度的安全性和隐私保护机制，以保护车辆和乘客的信息安全和隐私权。为了实现安全性和隐私保护，车载网络技术通常采用加密算法、身份认证和访问控制等技术，以确保数据传输的安全和隐私。

这些特点使得车载网络技术能够满足不同车载应用的需求和要求，为车辆之间、车辆与基础设施之间，以及车辆与乘客之间的信息交流和数据传输提供了有效的技术支持。

三、车载网络技术的应用

（一）智能驾驶与自动驾驶系统

1. 车辆感知与环境感知

车辆感知与环境感知是指车辆通过传感器和其他设备感知周围环境和交通情况的能力。这种技术的发展对于提高车辆的安全性、智能化和自动化水平具有重要意义。通过感知车辆周围的环境和交通情况，车辆可以做出及时的反应和决策，提高驾驶安全性和舒适性。

车载网络技术是指将车辆内部的各种电子设备和传感器通过网络连接起来，实现数据的传输和共享。这种技术的应用可以使得车辆内部的各种系统之间实现信息互联，从而提高车辆的智能化水平和用户体验。

一种常见的车载网络技术应用是车辆的自动驾驶系统。通过车辆感知与环境感知技术，车辆可以实时感知周围的道路、交通情况和障碍物，然后通过车载网络技术将这些信息传输给车辆的控制系统，从而实现自动驾驶和避障功能。这种技术的应用可以提高车辆的安全性和驾驶舒适性，减少交通事故的发生。

另一种常见的应用是车辆的智能导航系统。通过车载网络技术，车辆可以实时获取道路交通信息、路况和导航信息，从而帮助驾驶员选择最佳的行驶路线和避开拥堵路段。这种技术的应用可以提高驾驶效率、节约时间，提升驾驶体验。

车载网络技术还可以用于车辆的远程监控和控制。通过远程连接车载网络，驾驶员可以实时监控车辆的状态和位置，远程控制车辆的启动、停止和锁车等功能。这种技术的应用可以提高车辆的安全性和防盗性，方便驾驶员对车辆进行远程管理。

车辆感知与环境感知技术与车载网络技术的应用对于提高车辆的安全性、智能化和自动化水平具有重要意义。这些技术的应用可以使得车辆能够更加智能地感知周围环境和交通情况，实现自动驾驶、智能导航和远程监控等功能，从而提高驾驶安全性和用户体验。

2. 实时通信与协同控制

实时通信与协同控制是车载网络技术的重要应用领域，它们为汽车行业带来了全新的智能化和互联化体验。

实时通信技术使得车辆之间可以实现实时的数据交换和通信。通过无线通信技术（如 5G、车联网等）、车载通信系统、车载传感器等设备，车辆可以获取周围环境的实时信息，包括路况、交通情况、天气状况等。这些实时信息可以帮助驾驶员更好地应对复杂的交通情况，提高行车安全性。同时，实时通信技术还可以实现车辆之间的实时协同，如车辆间的协同行驶、协同避障等，从而提高道路的通行能力和交通流畅度。

协同控制技术使得多个车辆之间可以实现协同操作和控制。通过车载网络技术和协同控制算法，车辆可以实现自动驾驶、自动泊车、自动跟车等功能。例如，通过车载传感器和智能算法，车辆可以实现自动跟车功能，保持与前车的安全距离，并根据交通情况自动调整车速和行驶方向。

实时通信与协同控制技术的应用还可以拓展到其他领域，如交通管理、智能交通系统、智能城市建设等。通过实时通信技术和协同控制技术，交通管理部门可以实时监控道路交通情况，及时调整交通信号灯、路线规划等，提高交通运输的效率和安全性。同时，实时通信与协同控制技术还可

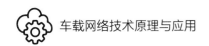

以为智能交通系统和智能城市建设提供支持，实现智能交通管理、智能停车、智能灯光等功能，为人们的生活和出行提供更便捷、更安全的服务。

实时通信与协同控制是车载网络技术的重要应用领域，它们为汽车行业带来了全新的智能化和互联化体验，提高了交通运输的效率和安全性，促进了智能交通系统和智能城市的发展。随着技术的不断进步和应用场景的不断拓展，实时通信与协同控制技术将在未来发挥更为重要的作用，为人们的出行和交通运输带来更多的便利和安全。

（二）车辆信息娱乐系统

1. 娱乐内容获取与播放

车载网络技术的应用在于为汽车提供了娱乐内容获取与播放的功能。随着人们对汽车内娱乐体验需求的不断增加，车载网络技术成为汽车娱乐系统的重要组成部分。通过车载网络技术，驾驶者和乘客可以在汽车内获取各种娱乐内容，如音乐、电影、游戏等，并实现高质量的播放体验。

车载网络技术使得驾驶者和乘客可以通过互联网获取各种娱乐内容。借助车载网络连接互联网，用户可以轻松地访问在线音乐平台、视频网站、游戏应用等，随时随地享受各种娱乐内容。这为驾驶者和乘客提供了更加丰富多彩的娱乐选择，满足了不同人群的娱乐需求。

车载网络技术实现了娱乐内容的高质量播放。通过高速稳定的车载网络连接，娱乐内容可以以高清晰度和流畅的方式在汽车内播放。无论是音乐、视频还是游戏，用户都可以享受到与家庭娱乐系统相媲美的播放体验。这种高质量的播放体验提升了驾驶者和乘客汽车旅途的舒适度，为他们带来更愉悦的驾驶体验。

车载网络技术还支持多种娱乐内容的实时更新和下载。用户可以通过车载网络随时下载最新的音乐、电影或游戏。这种实时更新和下载的功能使得驾驶者和乘客始终能够享受到最新、最热门的娱乐内容，保持娱乐体验的新鲜感和趣味性。

车载网络技术还支持娱乐内容的个性化定制和推荐。通过车载网络连接互联网，汽车娱乐系统可以收集用户的偏好和行为数据，并根据这些数据为用户推荐个性化的娱乐内容。这种个性化推荐功能可以使用户更容易发现和享受到符合自己口味的娱乐内容，提升了娱乐体验的个性化。

车载网络技术的应用使得汽车成为了一个移动的娱乐中心，为驾驶者和乘客提供了丰富多彩的娱乐选择和高质量的播放体验。随着车载网络技术的不断发展和普及，相信汽车娱乐系统将会越来越成熟和完善，为人们的驾驶生活带来更多的乐趣和享受。

2. 用户体验优化与个性化推荐

用户体验优化和个性化推荐在车载网络技术的应用中起着至关重要的作用。用户体验优化旨在提升用户在车载环境中的感知和满意度，而个性化推荐则通过分析用户的行为和偏好，为用户提供定制化的服务和信息。这两个方面的结合可以有效地提高车载网络技术的用户体验和使用价值。

用户体验优化通过改善用户界面设计、交互方式、响应速度等方面来提升用户在车载环境中的感知和满意度。例如，优化车载系统的界面设计，使其更加简洁直观，简化操作步骤并减轻用户的认知负荷；优化交互方式，增加语音控制和手势识别等智能交互方式，提高用户的使用便捷性和舒适性；优化系统的响应速度，减少系统的启动时间和响应时间，提高用户的交互效率和体验流畅度。

个性化推荐通过分析用户的行为和偏好，为用户提供个性化的服务和信息。例如，根据用户的驾驶习惯和偏好，推荐适合的路线和导航方案；根据用户的音乐偏好和历史播放记录，推荐相似风格的音乐和歌曲；根据用户的兴趣爱好和喜好，推荐符合用户口味的娱乐内容和新闻资讯。通过个性化推荐，车载系统可以更好地满足用户的个性化需求，提高用户的满意度和忠诚度。

综合考虑用户体验优化和个性化推荐，车载网络技术的应用可以实现以下几个方面的效果。

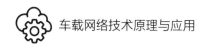

第一，提升用户在车载环境中的舒适性和便捷性。通过优化用户界面设计和交互方式，可以使用户更加轻松地使用车载系统，并且在驾驶过程中更加专注于道路和交通安全。

第二，增强用户对车载系统的信任和满意度。通过个性化推荐，为用户提供符合其偏好和需求的个性化服务和信息，使得用户感受到车载系统的个性化关怀和关注，从而增强用户对车载系统的信任并提高其对车载系统满意度。

第三，提高车载网络技术的市场竞争力和商业价值。通过优化用户体验和提供个性化推荐，使得车载系统能够更好地满足用户的需求和期待，提高用户的忠诚度，促进口碑传播，从而提高车载系统的市场竞争力和商业价值。

第二节　车载网络的发展历程

一、车载网络发展的初期阶段

（一）车载网络的萌芽

1. 早期车载通信需求

早期车载通信需求源于人们对车辆安全、通信和娱乐的不断增长的需求。随着汽车的普及和技术的进步，人们开始意识到在车辆内部实现即时通信、导航和娱乐功能的重要性。这促使了车载通信技术的发展，在其初期阶段，主要集中在满足以下几方面需求上。

第一，早期车载通信技术的发展旨在提高车辆的安全性。人们对于在驾驶过程中遇到紧急情况或发生事故时能够及时求助和获取帮助的需求越来越强烈。早期的车载通信技术主要着眼于实现车辆与紧急救援中心之间的即时通信，以便在发生紧急情况时能够及时报警和求助，提高驾驶安全性。

第二，早期车载通信技术还致力于提供车辆导航和位置服务。随着城市交通拥堵情况的日益加剧和路况不断变化，人们对于能够准确导航和选择最佳行驶路线的需求越来越迫切。早期的车载通信技术主要着眼于对车辆导航系统的研究，通过车载 GPS 等技术，为驾驶员提供准确的导航和位置服务，帮助他们规划行程、避开拥堵路段。

第三，早期车载通信技术还考虑到了驾驶员和乘客在行车过程中的娱乐需求。人们希望在驾驶过程中能够拥有享受音乐、收听广播、观看视频等多样化的娱乐内容，从而提高驾驶的舒适性和愉悦度。早期的车载通信技术也着眼于实现车载娱乐系统，通过车载音频和视频设备，为驾驶员和乘客提供丰富多彩的娱乐内容，使行车过程更加轻松愉快。

早期车载通信技术的发展主要集中在满足车辆安全、导航和娱乐等方面的需求上。它们通过实现车辆与紧急救援中心的即时通信、提供准确的导航和位置服务，以及提供丰富多彩的娱乐内容，为驾驶员和乘客提供了更加安全、便捷和舒适的驾驶体验。

2. 机械化车载系统的出现

机械化车载系统的出现标志着汽车行业的技术革新和智能化发展。在早期阶段，汽车被视为一种机械设备，主要功能是提供交通工具和载人载货的服务。随着科技的进步和人们对汽车功能的需求不断增加，机械化车载系统逐渐演变为更为智能化和多功能的车载网络系统。

在车载网络发展的初期阶段，主要集中在改善汽车内部的通信和控制系统。这些系统包括车载电子设备、车载传感器、车载控制单元等。最早的机械化车载系统主要是通过硬件设备和有限的控制功能实现车辆内部的基本操作，如启动、加速、刹车等。这些系统往往是独立运行的，缺乏有效的通信和协作机制。

随着计算机技术和通信技术的发展，车载网络开始逐步向智能化和互联化方向发展。在这一阶段，主要出现了一些车载通信技术和车载网络协

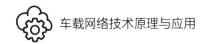

议，如控制器局域网总线（Controller Area Network，CAN）和局域互联网（Local Interconnect Network，LIN）。这些技术和协议使得车辆内部的各个电子设备和系统之间可以实现数据交换和通信，实现了车载系统的集成化和协同化。

还出现了一些车载娱乐系统和车载导航系统，如收音机、CD 播放器、导航仪等。这些系统通过车载网络技术和通信技术，为驾驶员和乘客提供了更加丰富和便捷的功能和服务。但由于技术水平和成本限制，这些系统在初期阶段的普及和应用还比较有限。

机械化车载系统的出现标志着汽车行业的技术革新和智能化发展，而车载网络的初期阶段主要集中在改善汽车内部的通信和控制系统。随着技术的不断进步和应用场景的不断拓展，车载网络将逐步向智能化和互联化方向发展，为汽车行业带来更加丰富和便捷的功能和服务。

（二）早期车载网络技术

1. 基于有线通信的车载网络

车载网络的发展初期阶段是一个充满挑战和机遇的阶段。在这个阶段，基于有线通信的车载网络成为了主要的技术选择，为汽车内部的信息交流和娱乐功能提供了基础支持。

有线通信技术是车载网络发展初期的主要选择，其主要包括CAN总线、LIN 总线和系统传输总线（Media Oriented System Transport，MOST）等。CAN 总线是一种广泛应用于汽车领域的数据总线，它具有高可靠性和实时性的特点，适用于汽车内部的控制和监测系统。LIN 总线是一种低成本、低速率的数据总线，主要用于连接汽车内部的辅助设备和传感器。MOST 总线是一种高带宽、低延迟的数据总线，主要用于连接汽车内部的多媒体系统和娱乐设备。

基于有线通信的车载网络在发展初期阶段面临着一些挑战和限制。有线通信技术受到物理连接的限制，无法满足汽车内部各个设备之间的高速数据传输需求。有线通信技术在扩展性和灵活性方面存在一定的局限性，无法适应汽车内部系统的不断升级和扩展。有线通信技术的维护和管理成本较高，需要专门的技术人员和设备进行维护和修复。

尽管存在一些挑战和限制，基于有线通信的车载网络在发展初期阶段取得了一些重要的进展。有线通信技术为汽车内部的控制系统和监测系统提供了可靠的数据传输和通信支持，保障了汽车的安全性和稳定性。有线通信技术为汽车内部的娱乐系统和多媒体系统提供了基础设施，使得驾驶者和乘客可以享受到音乐、视频和游戏等多种娱乐活动。

除了基于有线通信的车载网络，无线通信技术也开始逐渐应用于车载网络领域。例如，蓝牙技术可以实现汽车与智能手机和其他外部设备的无线连接，实现音乐播放、电话通话和导航服务等功能。Wi-Fi 技术可以实现汽车与互联网的无线连接，为驾驶者和乘客提供更加丰富的互联网服务和娱乐内容。

基于有线通信的车载网络在发展初期阶段起到了重要的支撑作用，为汽车内部的信息交流和娱乐功能提供了基础支持。尽管面临一些挑战和限制，但随着无线通信技术的不断发展和应用，相信车载网络将会迎来更加广阔的发展前景，为人们的汽车生活带来更多的便利和乐趣。

2. 单一功能车载系统

在车载网络发展的初期阶段，单一功能车载系统是主要的发展趋势。这种系统主要集中于为车辆提供单一功能或有限功能的服务，而不是像现代车载系统那样拥有多种功能和复杂的网络架构。在这个阶段，车载网络技术的主要目标是实现基本的功能，如车辆定位、导航、通信等，以满足用户的基本需求和要求。

在这个阶段，车载系统通常是由单一的功能模块组成，如 GPS 模块、通信模块等，每个模块负责一个特定的功能。例如，GPS 模块用于车辆定位和导航，通信模块用于车辆与外部世界的通信和数据交换。这种单一功能的设计使得车载系统更加简单和易于实现，降低了系统的复杂度和成本。

单一功能车载系统在技术上处于发展初期阶段，技术水平相对较低。

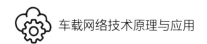

在这个阶段，车载网络技术主要集中于基本的通信和数据传输技术，如无线电通信技术、GPS 定位技术等。虽然这些技术在当时已经比较成熟，但仍然存在一些技术上的限制和挑战，如信号覆盖范围有限、精度不高等。

单一功能车载系统的应用场景相对较为有限。在这个阶段，车载系统主要用于车辆导航和通信，以提高车辆的行驶安全性和效率。例如，通过 GPS 导航系统，车辆可以实时获取自身位置和行驶路线，从而降低了迷路和交通拥堵的可能性；通过车载通信系统，车辆可以与其他车辆和交通基础设施进行实时通信，提高了交通信息的共享和响应速度。

单一功能车载系统是车载网络发展的初期阶段的主要特征之一。这种系统主要集中于为车辆提供单一功能或有限功能的服务，技术水平相对较低，应用场景相对较为有限。随着车载网络技术的不断发展和进步，单一功能车载系统逐渐演变为多功能车载系统，拥有更加丰富和复杂的功能，为车辆驾驶和乘坐提供了更多的便利和安全保障。

二、车载网络的现代发展

（一）无线化趋势

1. 无线通信技术的进步

无线通信技术的进步推动了车载网络的现代发展。随着科技的不断进步和创新，无线通信技术得到了长足的发展，从而为车载网络的现代化提供了强大的支撑。无线通信技术的进步主要体现在以下几个方面。

第一，高速数据传输技术的发展为车载网络提供了更快速和稳定的数据传输能力。随着 4G、5G 等新一代无线通信技术的广泛应用，车辆可以实现更快速的数据传输和更低的延迟，从而支持更丰富多样的车载应用，如高清视频播放、实时地图导航等，大大提升了驾驶员和乘客的使用体验。

第二，智能天线技术的发展提高了车载网络的信号接收和传输效率。智能天线技术通过自适应调整天线参数和方向，优化信号接收和传输效果，使得车辆可以在复杂的信号环境下保持稳定的通信连接，提高了车载网络的覆盖范围和通信质量。

第三，车联网技术的兴起促进了车载网络的现代发展。车联网技术将车辆与互联网相连，实现车辆之间和车辆与云端之间的信息交换和共享，从而为车辆提供了更丰富的智能化服务，如远程监控、远程诊断等，提高了车辆的安全性、便捷性和智能化水平。

第四，车载通信协议的标准化和统一也推动了车载网络的现代化发展。随着 IEEE、ISO 等国际标准化组织的不断努力，车载通信协议得到了统一和规范，使得不同厂商生产的车载设备可以实现互联互通，促进了车载网络的快速发展和应用推广。

第五，无线通信技术的进步为车载网络的现代化发展提供了强大的技术支持。高速数据传输技术、智能天线技术、车联网技术、车载通信协议的标准化和统一等方面的进步，使得车载网络可以实现更快速、更稳定和更智能化的数据传输和通信连接，为驾驶员和乘客提供了更安全、更便捷和更舒适的驾驶体验。

2. 蓝牙、Wi-Fi 等无线技术的应用

蓝牙、Wi-Fi 等无线技术的应用在车载网络的现代发展中起到了重要作用。这些无线技术不仅提升了车辆内部的连接效率和便利性，还拓展了车载网络的应用场景和功能。

蓝牙技术在车载网络中得到了广泛应用。蓝牙技术可以实现短距离无线通信，适用于连接车载电子设备和外部移动设备，如手机、平板电脑等。通过蓝牙技术，驾驶员和乘客可以更便捷地与车载系统进行数据交换和控制，如蓝牙音频系统可以实现无线音乐播放、蓝牙电话系统可以实现无线通话等。蓝牙技术还可以用于车辆之间的车载通信，如车辆与车辆之间的通信和车辆与基础设施之间的通信等。

Wi-Fi 技术在车载网络中也得到了广泛应用。Wi-Fi 技术可以实现高速的无线局域网络连接，适用于连接车载内部的多个电子设备和系统，如车

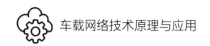

载娱乐系统、车载导航系统、车载监控系统等。通过 Wi-Fi 技术，车辆内部的各个系统之间可以实现快速稳定的数据传输和共享，实现了车辆内部系统的集成化和协同化。同时，Wi-Fi 技术还可以实现车辆与外部网络的连接，如连接互联网、连接智能交通系统等，为车辆提供更丰富的服务和功能。

除了蓝牙和 Wi-Fi 技术，车载网络的现代发展还涵盖了其他一些无线技术的应用，如 5G、LTE 等移动通信技术。这些技术可以实现车辆之间的远程通信和车辆与外部网络的连接，为车辆提供更快速、更稳定的数据传输和服务。

蓝牙、Wi-Fi 等无线技术的应用在车载网络的现代发展中发挥着重要作用，提升了车载网络的连接效率和便利性，拓展了车载网络的应用场景和功能。随着技术的不断进步和应用场景的不断拓展，无线技术在车载网络中的应用将会越来越广泛，为汽车行业带来更多的智能化和互联化体验。

（二）智能化和自动化驾驶的崛起

1. 车载传感器技术的革新

车载传感器技术的革新和车载网络的现代发展是汽车行业的重要趋势之一。车载传感器技术的革新使得汽车具备了更加智能化、安全化和舒适化的特性，而车载网络的现代发展则为车载传感器技术的应用提供了更广阔的空间和更强大的支持。

车载传感器技术的革新使得汽车具备了更强大的自主感知和自我控制能力。现代汽车配备了多种类型的传感器，如雷达传感器、摄像头传感器、超声波传感器、激光雷达传感器等，用于实现车辆对周围环境的感知和行为控制。这些传感器可以实时监测车辆周围的道路、车辆和障碍物，并根据实时数据进行智能化决策和控制，从而提高了汽车的安全性和自动化水平。

车载传感器技术的革新促进了汽车与车载网络的深度融合。传感器技术产生的大量数据需要通过车载网络进行传输和处理，以实现智能化的车辆控制和驾驶辅助功能。车载网络可以将传感器采集到的数据传输到车载计算机和云端服务器进行处理，实现实时的数据分析和智能决策。这种车载传感器技术与车载网络的深度融合为汽车提供了更加智能化和高效化的交通运输解决方案。

车载传感器技术的革新也推动了汽车的智能驾驶和自动驾驶技术的发展。通过车载传感器的感知和数据处理，汽车可以实现自动巡航、自动泊车、自动紧急制动等智能驾驶功能，从而提高了驾驶的舒适性和安全性。车载传感器技术还为自动驾驶汽车的实现提供了重要的技术支持，使得汽车可以实现完全自主的驾驶，减少了人为驾驶错误和交通事故的发生。

现代车载网络采用了高速、高带宽的通信技术，如以太网、车载 Wi-Fi 和 5G 网络等，为传感器数据的传输和处理提供了更快速、更稳定的网络环境。现代车载网络还支持多种通信协议和标准，如 CAN-FD、FlexRay 和 Ethernet，使得传感器数据的传输和处理更加灵活和高效。

车载传感器技术的革新和车载网络的现代发展是汽车行业的重要趋势之一，它们共同推动了汽车的智能化、安全化和舒适化发展。随着技术的不断进步和应用场景的不断拓展，相信车载传感器技术和车载网络将会为汽车行业带来更多的创新和发展，为人们的出行生活带来更多的便利和乐趣。

2. 自动驾驶系统的发展与应用

自动驾驶系统的发展与应用标志着车载网络技术的现代发展。自动驾驶系统是一种利用传感器、控制器、算法等技术实现车辆自主驾驶的系统。它的发展与应用推动了车载网络技术的现代化，为车辆提供了更智能、更安全、更便利的驾驶体验。

自动驾驶系统的发展与应用促进了车载网络技术的智能化发展。通过引入传感器、摄像头、雷达等感知设备，自动驾驶系统可以实时感知车辆周围的环境和路况，从而实现对车辆的智能控制和自主驾驶。这种智能化的车载网络技术大大提高了车辆的驾驶安全性和效率，缓解了驾驶员的驾驶压力和疲劳。

自动驾驶系统的发展与应用推动了车载网络技术的安全性和稳定性。

在自动驾驶系统中，车辆需要通过车载网络与外部环境进行实时通信和数据交换，以获取路况信息、导航指引等数据。为了确保通信的安全和稳定，车载网络技术需要具备高度的抗干扰能力和数据安全保护机制，以防止数据泄露和信息攻击。

自动驾驶系统的发展与应用也推动了车载网络技术的互联互通。在自动驾驶系统中，车辆之间需要进行实时通信和协作，以实现车队协同驾驶和交通流优化。通过车载网络技术，车辆可以实现信息共享、任务分配等功能，从而实现更高效、更安全的自动驾驶系统。

自动驾驶系统的发展与应用也带动了车载网络技术的个性化和定制化。随着车载网络技术的不断发展和普及，车辆可以根据用户的个性化需求和偏好进行定制化配置和服务。例如，根据用户的驾驶习惯和偏好，自动驾驶系统可以为用户提供个性化的驾驶体验和服务，如个性化的路线规划、驾驶辅助功能。

自动驾驶系统的发展与应用推动了车载网络技术的现代化，为车辆提供了更智能、更安全、更便利的驾驶体验。随着自动驾驶技术的不断成熟和普及，车载网络技术将进一步发展和完善，为人们创造更加智能化、便捷化的出行方式。

第三节　车载网络系统的功能和特点

一、车载网络系统功能

（一）实时通信功能

1. 车辆间通信

作为车联网技术的重要组成部分，车辆间通信具有实时通信功能，正在逐渐引起人们的关注和重视。通过 V2V 技术，车辆可以实现即时的信息交换和通信，提高了交通安全性、效率性及驾驶体验。在当今智能交通系统的发展中，V2V 技术的应用正逐渐成为未来交通系统的重要趋势，其实时通信功能对于实现智能交通具有不可替代的作用。

V2V 技术的实时通信功能有助于提高交通安全性。通过 V2V 通信，车辆可以实时向周围车辆传递自身的位置、速度、行驶方向等信息，实现实时的车辆状态监测和交通情况感知。当车辆发生紧急情况或突发事件时，可以通过 V2V 通信向周围车辆发送警报信息，提醒其他车辆及时采取避让或减速等措施，从而避免交通事故的发生。这种实时通信功能有效地提高了交通系统的响应速度和应对能力，保障了驾驶人员和行人的交通安全。

V2V 技术的实时通信功能有助于提高交通效率。通过 V2V 通信，车辆可以实现信息共享和协同行驶，优化交通流动性，减少拥堵和交通延误。例如，当车辆在高速公路上形成车队时，通过 V2V 通信可以实现车队之间的实时协同，控制车辆之间的距离和速度，提高车辆的行驶效率。V2V 技术还可以用于交通信号灯优化、智能交通导航等方面，进一步提高了交通系统的整体效率和流畅度，为驾驶人员提供更加便利和舒适的行驶体验。

V2V 技术的实时通信功能还有助于实现智能化驾驶和自动驾驶技术的发展。通过 V2V 通信，车辆可以实现信息交换和共享，增强了车辆之间的感知能力和协同性，为智能驾驶系统提供了更为丰富和准确的环境感知数据。这对于实现自动驾驶、智能交通管理等目标至关重要。实时通信功能可以使车辆之间实现高效的协同行驶和交互操作，提高了自动驾驶系统的安全性和可靠性，推动了智能交通技术的不断进步和应用。

车辆间通信技术的实时通信功能对于提高交通安全性、效率性以及推动智能交通系统的发展具有重要意义。随着 V2V 技术的不断成熟和应用，相信实时通信功能将会在未来的智能交通领域发挥越来越重要的作用，为人们的出行带来更加便利、安全和舒适的体验。

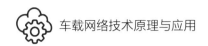

2. 车辆与基础设施通信

车辆与基础设施通信及车载网络系统功能是现代汽车技术领域的重要方面。车辆与基础设施通信，简称 V2I 通信，是指汽车与道路基础设施之间进行的实时数据交换和通信。这种通信为汽车提供了与交通信号、路标、道路标志等基础设施进行智能化交互的能力，从而实现了更安全、更高效的交通系统。车载网络系统功能则是指安装在汽车内部的网络系统所具备的各种功能和服务，包括娱乐、导航、车辆监控、远程控制等。这些功能通过车载网络系统实现了汽车内部各个部件之间的数据交换和通信，为驾驶员和乘客提供了更便捷、更舒适的驾乘体验。

通过 V2I 通信，汽车可以实时获取到交通信号灯的状态、道路施工的信息、道路拥堵情况等重要数据，从而更好地规划行车路线和避免交通事故。V2I 通信还可以实现车辆与交通信号灯的配合，实现智能化的交通控制和调度，减少了交通拥堵和交通事故的发生。

车载网络系统功能为驾驶员和乘客提供了多种娱乐内容，提升了驾驶的舒适性和愉悦感。同时，车载网络系统还可以实现车辆的导航功能，帮助驾驶员更好地规划行车路线和避开拥堵区域。车载网络系统还可以实现对车辆各个部件的监控和管理，及时发现并解决车辆故障，保障了车辆的安全性和稳定性。

车辆与基础设施通信以及车载网络系统功能为现代汽车提供了更安全、更高效、更智能的驾乘体验。随着技术的不断发展和应用场景的不断拓展，相信车辆与基础设施通信和车载网络系统功能将会进一步发展和完善，为人们的出行生活带来更多的便利和乐趣。

（二）车辆状态监测与报警

车辆状态监测与报警是车载网络系统的重要功能之一。这一功能通过使用传感器和监测设备实时监测车辆的各种状态参数，如车速、发动机转速、油耗、车身倾斜角度，并根据监测到的数据进行分析和处理，及时发出警报或提醒驾驶员注意，以确保车辆的安全性和可靠性。

车辆状态监测与报警功能可以帮助驾驶员及时发现和解决车辆故障和问题。通过监测车辆的各种状态参数，如发动机温度、液位、轮胎压力，车载网络系统可以实时监测车辆的运行状态，并在发现异常情况时发出警报或提醒驾驶员注意，以防止故障进一步恶化或发生事故。

车辆状态监测与报警功能可以提高车辆的安全性和稳定性。通过监测车辆的行驶状态和环境条件，如路况、气候、能见度，车载网络系统可以及时发出警报或提醒驾驶员注意，以避免危险驾驶行为和意外事件的发生，保障车辆和乘员的安全。

车辆状态监测与报警功能还可以提高车辆的驾驶效率和节能性。通过监测车辆的油耗、行驶速度、发动机负荷等参数，车载网络系统可以分析车辆的行驶状态和性能，并提供驾驶建议和优化方案，以提高车辆的燃油经济性和行驶效率，减少能源消耗和排放。

车辆状态监测与报警功能还可以提升车辆的舒适性和驾驶体验。通过监测车辆的内部环境和乘员状态，如车内温度、空气质量、乘员安全带状态等，车载网络系统可以及时发出警报或提醒驾驶员注意，以保障乘员的舒适和安全，提升驾驶体验。

二、车载网络系统特点

（一）移动性与灵活性

1. 车载网络对移动环境的适应能力

车载网络在移动环境中具有很强的适应能力，这主要体现在以下几个方面。

第一，车载网络具有高度的灵活性和可移植性。车辆经常处于移动状态，因此车载网络需要能够适应不同位置、不同速度和不同路况下的通信环境。车载网络系统的设计考虑到了车辆移动性的特点，采用了灵活的通信方案和技术，如基于移动网络的通信协议、自适应调制技术等，从而保证了车载网络在不同移动环境下的稳定性和可靠性。

第二，车载网络具有强大的抗干扰能力。由于车辆经常处于复杂的电磁环境中，受到各种干扰源的影响，因此车载网络需要具有较强的抗干扰能力，以保证通信的稳定性和可靠性。为此，车载网络系统采用了一系列抗干扰技术和措施，如频谱分析技术、自适应调制技术等，从而有效地减少了外界干扰对通信的影响，提高了通信的质量和可靠性。

第三，车载网络具有快速自组网能力。车辆之间通常需要建立临时的网络连接，以便进行信息交换和数据共享。为了满足这种需求，车载网络系统采用了自组网技术，使得车辆可以在没有中心控制的情况下，快速地建立起网络连接，实现信息的传输和共享，从而提高了通信的效率和灵活性。

第四，车载网络具有安全性和隐私保护能力。在车载网络中，车辆之间进行信息交换和数据共享，可能涉及用户的隐私和敏感信息。为了保护用户的隐私和信息安全，车载网络系统采用了一系列安全技术和措施，如数据加密技术、身份认证技术等，保障了通信数据的安全性和保密性，有效防止了信息泄露和黑客攻击。

2. 车辆间切换与漫游支持

车辆间切换与漫游支持是车载网络系统的重要特点之一。它们使得车辆在移动过程中可以无缝切换不同网络和接入点，保持持续的连接和通信，提升了车辆网络的稳定性和可靠性。

车辆间切换支持允许车辆在移动过程中实现网络的切换。这意味着当车辆从一个网络覆盖区域进入另一个网络覆盖区域时，车载系统能够自动切换到新的网络，保持通信的持续性。这种切换可以是从蜂窝网络到蜂窝网络的切换，也可以是从蜂窝网络到 Wi-Fi 网络的切换，甚至是从车载网络到基础设施网络的切换。通过车辆间切换支持，车辆在移动过程中可以始终保持连接，确保了车辆网络的稳定性和可靠性。

车辆间漫游支持允许车辆在移动过程中实现无缝的漫游。与车辆间切换不同的是，车辆间漫游支持更加注重无缝性和流畅性，使得车辆在移动过程中可以实现连续的通信和数据传输，而不会出现中断或丢失。

车载网络系统的特点还包括高可靠性、低时延、高带宽等。由于车载网络的特殊性，要求其具有高度的可靠性和稳定性，以保证车辆之间的通信和数据传输的可靠性。同时，车载网络还要求具有较低的时延和较高的带宽，以满足对实时性和高速数据传输的需求。这些特点使得车载网络系统在车辆间切换与漫游支持的基础上，具有更加完善的性能和功能，为车辆提供了更加便捷、安全和高效的通信服务。

（二）数据安全性与隐私保护

1. 数据加密与认证机制

数据加密与认证机制在车载网络系统中具有重要作用。车载网络系统的特点主要包括高度移动性、设备和通信方式的多样性、安全性和实时性。数据加密与认证机制通过对车载网络中的数据进行加密和认证，保障了数据的安全性和可靠性，确保了车载网络系统的正常运行和稳定性。

车载网络系统具有高度移动性的特点。汽车作为移动的载体，车载网络系统需要随时跟随汽车的移动而进行调整和适配。这就要求车载网络系统具备灵活性和自适应性，能够在不同的移动环境中实现稳定的数据传输和通信。

车载网络系统具有多样化的设备和通信方式。车载网络系统涉及多种不同类型的设备和通信方式，如传感器、控制器、无线通信设备。这些设备和通信方式之间需要进行有效的数据交换和通信，以实现车载网络系统的各种功能和服务。

车载网络系统对安全性和实时性的要求较高。汽车作为人们生活中的重要交通工具，其安全性和实时性对人们的生命和财产安全具有重要意义。车载网络系统需要能够实时监测车辆的状态和周围环境，并及时做出相应的反应和控制。

随着汽车技术的不断发展和应用场景的不断拓展，相信数据加密与认证机制将会发挥更加重要的作用，为车载网络系统的进一步发展和完善提供更强大的支持。

2. 防止黑客攻击与信息泄露

防止黑客攻击与信息泄露是车载网络系统的重要特点之一。随着车载网络技术的发展和普及，车辆的智能化和互联化程度不断提高，但同时也带来了安全风险和隐患。为了确保车载网络系统的安全性和可靠性，需要采取一系列措施来防止黑客攻击和信息泄露。

车载网络系统需要具备高度的安全性和防护能力。为了防止黑客攻击，车载网络系统需要采用安全防护技术，如加密通信、身份认证、访问控制等，以保障车载数据的安全和隐私。同时，还需要采用防火墙、入侵监测系统等安全设备，监控和阻断恶意攻击行为，确保车载网络系统的安全运行。

车载网络系统需要采取多层次的安全措施，形成完善的安全防护体系。从网络层、系统层、应用层等多个层面对车载网络系统进行安全保护。例如，在网络层可以采用虚拟专用网络（VPN）技术，加密传输数据；在系统层可以采用安全操作系统和安全配置策略，防止恶意软件的入侵和攻击；在应用层可以采用安全认证和授权机制，限制用户的访问权限，防止信息泄露和非法访问。

车载网络系统还需要采取实时监测和响应措施，及时发现并应对安全威胁。通过实时监测车载网络系统的运行状态和数据流量，及时发现异常行为和安全漏洞，采取相应的应对措施，如封锁攻击源、隔离受感染设备等，防止安全威胁扩散影响车辆的正常运行。

车载网络系统需要加强用户教育和安全意识培训，提高用户对安全问题的认识程度和防范意识。通过开展安全培训和教育活动，向用户介绍安全防护知识和技巧，教授安全使用车载网络系统的方法和技巧，提高用户对安全问题的重视程度，减少安全事故和信息泄露的发生。

第四节　网络技术在汽车上的应用

一、汽车网络技术的基础应用

（一）车载通信系统

1. 车辆到车辆通信

车辆到车辆（V2V）通信是一种基于无线通信技术的汽车网络技术，旨在实现车辆之间的直接通信和信息交换。这种技术的基础应用主要体现在以下几个方面。

第一，V2V 通信可以提高交通安全性。通过 V2V 通信，车辆可以实时获取周围车辆的位置、速度和行驶方向等信息，从而实现车辆之间的协同和协调。例如，当车辆之间距离过近或出现危险情况时，V2V 通信可以及时发出警告信号，提醒驾驶员采取相应的行动，减少交通事故的发生。

第二，V2V 通信可以提高交通效率。通过 V2V 通信，车辆可以实时获取道路交通信息和路况信息，如拥堵情况、事故发生情况，从而选择最佳的行驶路线、避开拥堵路段，提高了交通效率和道路利用率。V2V 通信还可以实现车辆之间的交通信号优化和协同驾驶，进一步提高了交通效率。

第三，V2V 通信可以提供个性化的交通信息和服务。通过 V2V 通信，车辆可以实时获取个性化的交通信息和服务，如路况信息、停车场信息、加油站信息，从而满足驾驶员的个性化需求，提高驾驶体验和服务质量。

第四，V2V 通信还可以提供智能交通管理和控制功能。通过 V2V 通信，交通管理部门可以实时监控道路交通状况，进行交通流量调度和路况预警，实现智能交通管理和控制，提高了交通管理的效率和精确度。

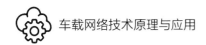

2. 车辆到基础设施通信

车辆到基础设施（V2I）通信是现代汽车网络技术的基础应用之一。汽车网络技术的基础应用涉及车载通信系统、传感器技术、车载计算机等多个方面，通过与道路基础设施进行通信，为车辆提供了更智能、更安全的驾驶体验。

V2I 通信通过车载通信系统实现了车辆与道路基础设施之间的实时数据交换和通信。现代汽车配备了多种通信设备，如蓝牙、Wi-Fi、4G/5G，使得车辆可以与交通信号灯、路边标志、智能交通系统等道路基础设施进行连接。通过这些通信设备，车辆可以实时获取到道路基础设施的信息，如交通信号灯的状态、道路施工的信息、交通事故的位置，从而更好地规划行车路线，避免交通事故的发生。

V2I 通信通过传感器技术实现了车辆对道路基础设施的感知和交互。现代汽车配备了多种传感器，如摄像头传感器、雷达传感器、激光雷达传感器等，用于实时监测车辆周围的环境和道路情况。通过这些传感器，车辆可以实时感知到道路基础设施的变化和交通情况，如检测到交通信号灯的变化、发现道路施工的标志等，从而及时做出相应的行车决策和控制，提高了驾驶的安全性和效率。

V2I 通信通过车载计算机实现了对道路基础设施信息的处理和分析。现代汽车配备了强大的车载计算机系统，用于处理和分析车辆感知到的道路基础设施信息。车载计算机可以实时分析道路基础设施的数据，生成实时的交通信息和路况提示，为驾驶员提供更准确、更实用的导航和行车建议。通过车载计算机，V2I 通信可以实现对道路基础设施信息的高效处理和利用，提高了驾驶的安全性和舒适性。

（二）车辆诊断与维护系统

1. 远程车辆诊断和故障排查

远程车辆诊断和故障排查是现代汽车网络技术的重要应用之一。汽车网络技术的基础应用涉及车载通信系统、传感器技术、车载计算机等多个方面，为远程车辆诊断和故障排查提供了基础支持。

汽车网络技术通过车载通信系统实现了远程车辆诊断和故障排查的功能。现代汽车配备了多种通信设备，使车辆可以与外部网络进行连接。通过这些通信设备，汽车可以将车辆的实时数据传输到远程服务器，实现远程监测和诊断。例如，汽车可以将发动机、传感器、电子控制单元等部件的数据传输给远程服务器，让技术人员实时监测和诊断车辆的工作状态，及时发现并解决可能存在的故障。

汽车网络技术通过传感器技术实现了对车辆内部各个部件的实时监测和数据采集。现代汽车配备了大量的传感器，如发动机传感器、气囊传感器、制动传感器等，用于监测车辆各个部件的工作状态和性能参数。这些传感器可以将实时数据传输到车载计算机或远程服务器，供技术人员进行分析和诊断。通过传感器技术，汽车网络技术可以实现对车辆内部各个部件的精准监测和诊断，帮助技术人员及时发现和处理可能存在的故障。

汽车网络技术还通过车载计算机实现了车辆数据的处理和分析。现代汽车配备了强大的车载计算机系统，用于处理和分析车辆传感器采集到的数据。车载计算机可以对车辆的各个部件进行实时监测和数据分析，发现可能存在的故障并生成诊断报告。通过车载计算机，汽车网络技术可以实现对车辆数据的高效处理和分析，为远程车辆诊断和故障排查提供了基础支持。

2. 实时监测车辆健康状态

实时监测车辆健康状态是汽车网络技术的基础应用之一。这一技术基于先进的传感器、数据采集设备和通信技术，实时收集、监测和分析车辆的各种状态参数和健康指标，以便及时发现并解决车辆的故障和问题，确保车辆的安全性、可靠性和稳定性。

实时监测车辆健康状态需要安装先进的传感器和监测设备。通过在车

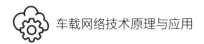

辆各个关键部位安装传感器和监测设备，可以实时监测车辆的各种状态参数，如发动机温度、油耗、轮胎压力、刹车系统状态等。这些传感器和监测设备能够实时采集车辆的运行数据，并将数据传输到中央控制系统进行分析和处理。

实时监测车辆健康状态依赖于高效的数据采集和处理技术，还需要具备高效的通信和远程控制能力。在车载网络系统中，需要采用高速数据采集和传输技术，实时获取车辆的运行数据，并将数据实时传输到中央控制系统进行实时分析和处理，实现远程诊断和控制。这需要车载网络系统具备高速数据接口、高性能处理器和存储设备，以确保数据的及时采集和处理。

实时监测车辆健康状态还需要借助先进的数据分析和算法技术。通过对车辆运行数据进行实时分析和处理，可以及时发现车辆的故障和问题，并给出相应的警报和建议。这需要采用先进的数据分析和算法技术，如机器学习、人工智能，以提高故障诊断和预测的准确性和可靠性。

二、汽车网络技术的创新应用

（一）自动驾驶技术

1. 传感器数据融合和环境感知

传感器数据融合和环境感知是汽车网络技术的创新应用之一。传感器数据融合指的是对来自不同类型传感器的数据进行整合和分析，以获取更准确、更全面的环境信息。这种技术在汽车网络中的应用有着重要的意义。

传感器数据融合和环境感知可以提高车辆的智能化和自动化水平。通过整合来自车辆内部和周围环境的传感器数据，车辆可以实时感知和理解周围的交通状况、路况和障碍物等信息，从而做出更加智能和准确的驾驶决策，提高了驾驶安全性和舒适性。

传感器数据融合和环境感知可以提高车辆的自适应性和适应能力。通过分析来自不同传感器的数据，车辆可以快速识别和适应不同的驾驶环境和道路条件，如高速公路、城市道路、山区道路，从而优化车辆的控制策略和行驶路线，提高了车辆的适应性和安全性。

传感器数据融合和环境感知还可以提供个性化的驾驶体验和服务。通过分析驾驶员的驾驶习惯和偏好，结合车辆内部和周围环境的传感器数据，车辆可以为驾驶员提供个性化的驾驶辅助和服务，如定制化的导航路线、驾驶模式推荐，优化了驾驶体验，提高了用户满意度。

传感器数据融合和环境感知还可以支持智能交通管理和控制。通过分析车辆行驶轨迹和周围环境的情况，交通管理部门可以实时监测道路交通状况，进行交通流量调度和路况预警，实现智能交通管理和控制，提高了交通管理的效率和精确度。

2. 实时决策和路径规划

实时决策和路径规划是汽车网络技术创新应用中的重要部分。它们利用先进的信息和通信技术，实现了汽车智能化、自主化的新功能，为驾驶员提供更安全、便捷的驾驶体验。

实时决策是指车载系统根据实时获取的环境信息和车辆状态，快速做出相应的决策。这些决策可以涉及到车辆的加速、制动、转向等操作，也可以涉及到路线选择、车速调整等策略。例如，当车辆检测到前方有障碍物时，车载系统可以实时做出制动或转向等决策，以避免碰撞或减轻事故后果。通过实时决策，车辆可以更快速、更准确地应对复杂的交通情况，提高驾驶安全性和舒适性。

路径规划是指车载系统根据实时获取的路况信息和目的地要求，选择最佳的行驶路线和行驶策略。路径规划可以考虑多种因素，如道路拥堵情况、交通事故情况、路况预测，以及驾驶员的偏好和习惯。例如，当驾驶

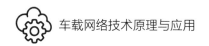

员输入目的地信息时，车载系统可以实时计算出最佳的行驶路线，并根据实时路况信息进行动态调整，以保证最短的到达时间和最佳的行驶体验。通过路径规划，车辆可以避开拥堵路段、选择更加安全和舒适的行驶路线，提高驾驶效率，优化驾驶体验。

汽车网络技术的创新应用还包括智能交通管理、车辆远程监控等功能。智能交通管理利用车载系统和道路基础设施之间的通信，实现了交通信号灯的优化、路段流量的调控等功能，提高了交通运输的效率和安全性。车辆远程监控利用车载系统和互联网之间的通信，实现了车辆远程监控、车辆远程控制等功能，为车辆的安全和管理提供了便利。

（二）车辆安全系统

1. 主动安全技术

主动安全技术是现代汽车网络技术的创新应用之一。主动安全技术通过结合车载通信系统、传感器技术、车载计算机等多个方面的技术，实现了对车辆和驾驶员的实时监测和控制，从而提高了汽车行驶过程的安全性和可靠性。

主动安全技术通过车载通信系统实现了车辆与外部环境的实时交互。通过现代汽车配备的通信设备，车辆可以实时获取到道路交通信息、天气状况、道路施工情况等重要数据，从而做出及时的驾驶决策和调整，提高了行车安全性。

主动安全技术通过传感器技术实现了对车辆和驾驶员的实时监测和识别。通过现代汽车配备的传感器，汽车可以实时监测到道路上的障碍物、其他车辆的行驶状态、驾驶员的疲劳和注意力状态等，从而及时发出警告提示或自动采取措施，避免可能的交通事故。

主动安全技术通过车载计算机实现了对传感器数据的处理和分析。现代汽车配备了强大的车载计算机系统，用于处理和分析车辆感知到的数据。

车载计算机可以根据传感器数据实时分析车辆周围的环境和驾驶员的状态，并根据分析结果做出相应的控制和调整。例如，当车辆检测到前方有障碍物或其他车辆突然刹车时，车载计算机可以自动采取制动或转向等措施，帮助驾驶员避免碰撞。

2. 被动安全技术

被动安全技术是汽车网络技术的创新应用之一，旨在提高车辆发生事故时乘员的安全性和保护性。这一技术通过结合先进的传感器、数据处理和通信技术，实现对车辆和乘员的实时监测、预警和保护，以减少事故对乘员的伤害。

被动安全技术依赖于先进的传感器技术。通过在车辆的关键部位安装传感器，如碰撞传感器、气囊传感器、安全带传感器等，可以实时监测车辆的运行状态和乘员的行为动态。这些传感器能够及时感知到车辆的碰撞、侧翻、制动等突发事件，为后续的安全措施提供及时的数据支持。

被动安全技术依赖于高效的数据处理和分析技术。通过将传感器采集到的数据传输到中央控制系统进行实时处理和分析，可以对车辆的运行状态和乘员的行为进行全面、准确的评估。这需要采用先进的数据处理和分析算法，如模式识别、数据挖掘等技术，以提高安全预警和保护的准确性和及时性。

被动安全技术还依赖于高效的通信和远程控制技术。通过将车辆的安全数据传输到远程服务器进行监测和分析，并实现远程控制和指导，可以及时发现和解决车辆的安全问题。这需要车辆具备高效的通信接口和协议，以确保数据的及时传输和远程控制的实现。

被动安全技术还需要结合智能化和自动化技术，实现对车辆和乘员的智能保护和自动救援。通过引入人工智能、机器学习等技术，可以实现对车辆和乘员的智能监测、预警和保护，提高事故发生时的应急响应能力和救援效率。

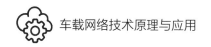

第五节　车载网络的发展趋势

一、无线化和互联网化

（一）车辆之间的无线通信技术发展

车辆之间的无线通信技术发展是车载网络技术发展的重要方向之一。这种技术利用无线通信技术，实现了车辆之间的数据交换、信息共享和协同行驶，为车辆提供了更智能、更安全的交通体验。

车辆之间的无线通信技术发展实现了车辆之间的实时数据交换。通过无线通信技术，车辆可以实时交换车辆位置、速度、加速度等信息，实现了车辆之间的动态感知和交互。这种实时数据交换为车辆提供了更准确、更具时效性的交通信息，有助于提高驾驶员的行车安全性和舒适性。

车辆之间的无线通信技术发展实现了车辆之间的协同行驶和智能交通控制。通过无线通信技术，车辆可以实现车队行驶、车辆间距自适应控制等功能，提高了车辆之间的行车协同性和交通效率。同时，无线通信技术还可以实现智能交通控制，如交通信号灯优化、智能路线规划等，为车辆提供了更智能、更高效的交通服务。

车辆之间的无线通信技术发展还促进了车辆与基础设施之间的互联互通。通过无线通信技术，车辆可以与交通基础设施（如交通信号灯、路边摄像头等）进行数据交换和通信，实现了车辆与基础设施之间的信息共享和协同作用。这种互联互通为车辆提供了更准确、更全面的交通信息，有助于提高交通运输的效率和安全性。

（二）车辆与云端的互联网连接

车辆与云端的互联网连接是车载网络技术的发展趋势之一。这种连接方式将车辆与互联网进行无缝连接，实现了车辆的智能化、互联化和对车辆的远程控制，为车辆提供了更丰富、更便捷的功能和服务。

车辆与云端的互联网连接实现了车辆数据的实时传输和存储。通过车载网络系统和云端服务器之间的通信，车辆可以将实时获取的各种数据（如车速、位置、车辆健康状态）上传到云端服务器，实现数据的集中存储和管理。这种实时的数据传输和存储可以为车辆提供远程监控、远程诊断等功能，帮助驾驶员和车辆管理人员及时了解车辆的状态和健康状况，提高车辆的安全性和可靠性。

车辆与云端的互联网连接实现了车辆与外部网络的双向通信。通过车载网络系统和云端服务器之间的通信，车辆可以获取互联网上的各种信息和服务，如实时交通信息、天气预报、地图导航。同时，车辆也可以向云端服务器发送请求和指令，实现远程控制、远程升级等功能，如远程锁车、远程启动、远程更新软件。这种双向通信使得车辆可以与外部网络实现实时交互，外部网络可以对车辆进行远程控制，为驾驶员和车辆提供了更丰富、更便捷的功能和服务。

车辆与云端的连接还促进了车载应用和云端服务的融合发展。通过车载网络系统和云端服务器之间的通信，车辆可以实现与各种云端服务的无缝集成。这种融合发展使得车辆可以享受到更加丰富和个性化的服务，提高了驾驶体验和舒适度。

二、多模态数据传输

多模态数据传输是车载网络技术的发展趋势之一。它涉及多种不同类型的数据传输方式和通信技术，如有线通信、无线通信、光纤通信等，为车载网络系统提供了更加灵活和高效的数据传输方案。

多模态数据传输通过有线通信技术实现了对车载网络数据的高速传输。有线通信技术利用物理电缆或光纤等传输介质，将数据以高速、稳定的方式传输到车辆内部各个部件或外部服务器。有线通信技术具有带宽大、传输距离远、抗干扰能力强等优点，适用于对数据传输速度和稳定性要求较高的场景，为车载网络系统的数据传输提供了可靠保障。

多模态数据传输通过无线通信技术实现了对车辆与外部环境的实时交互。无线通信技术利用无线电波或红外线等传输介质，将数据以无线的方式传输到车辆内部各个部件或外部服务器。无线通信技术具有灵活性高、覆盖范围广、安装维护成本低等优点，适用于对数据传输灵活性和便捷性要求较高的场景，为车载网络系统的数据传输提供了更加灵活和便捷的解决方案。

多模态数据传输还通过光纤通信技术实现了对车载网络数据的高速传输和远距离传输。光纤通信技术利用光纤作为传输介质，通过光信号进行数据传输，具有带宽大、传输速度快、抗干扰能力强等优点，能够满足对数据传输速度和稳定性要求较高、传输距离较远的场景，为车载网络系统的数据传输提供了更加高效和可靠的解决方案。

三、边缘计算和人工智能

（一）边缘计算技术在车载网络中的应用

边缘计算技术在车载网络中的应用是车载网络技术的发展趋势之一。边缘计算技术利用边缘设备处理数据和执行计算任务，可以实现数据的实时处理和响应，降低数据传输延迟和网络负载，提高车载网络系统的性能和效率。这一技术在车载网络中的应用将为车辆提供更智能、更高效的服务。

边缘计算技术可以实现车载网络系统的实时响应和快速处理。通过在车辆周围安装边缘计算设备，可以将数据处理和计算任务分布到边缘设备上执行，缩短数据传输时间，减少延迟，实现数据的实时处理和响应。这样可以提高车载网络系统的实时性和响应速度，满足车辆对实时信息和服务的需求。

边缘计算技术可以降低车载网络系统的网络负载和带宽压力。通过在车辆周围安装边缘计算设备，可以在数据产生的地方进行处理和分析，压缩数据并减少数据传输到中央服务器的数量，降低网络的带宽需求和负载压力。这样可以减少网络拥塞和传输延迟，提高车载网络系统的性能和可靠性。

边缘计算技术还可以实现车载网络系统的智能化和个性化。通过在车辆周围安装边缘计算设备，可以实现对车辆和乘员行为的实时监测和分析，从而为车辆提供个性化的服务和体验。例如，根据驾驶习惯和偏好，智能调整车辆的驾驶模式和设置；根据车辆的运行状态和环境条件，智能调整车辆的行驶路线和速度，提高行驶效率和舒适性。

边缘计算技术还可以实现对车载网络系统的安全防护和对隐私的保护。通过在车辆周围部署边缘计算设备，可以在数据产生的地方进行安全处理和加密，保护数据的安全性和隐私性。这样可以防止数据在传输过程中被窃取和篡改，保障车辆和乘员的安全与隐私。

（二）人工智能技术在车辆智能化中的作用

人工智能技术在车辆智能化中扮演着重要角色。它通过各种算法和模型，对车载传感器收集的大量数据进行分析和处理，从而实现车辆的智能感知、智能决策和智能控制。人工智能技术的应用使得车辆具备了更高级别的自主性和智能化水平，推动了车辆智能化技术的不断发展和创新。

人工智能技术在车辆感知方面发挥着重要作用。通过机器学习和深度学习等技术，车辆可以从传感器收集的数据中学习和识别周围环境的各种信息，如道路、障碍物、行人，实现车辆的智能感知。这种技术的应用使

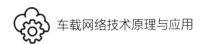

得车辆可以更加准确地理解和判断周围环境，提高了驾驶安全性和自动驾驶的可靠性。

人工智能技术在车辆决策方面发挥着重要作用。通过机器学习和强化学习技术，车辆可以根据当前环境和任务目标，自主地做出合适的驾驶决策，如车速调节、车道变换、避障。这种技术的应用使得车辆可以更加灵活地应对各种复杂驾驶情况，提高了驾驶舒适性和效率。

人工智能技术在车辆控制方面也发挥着重要作用。通过机器学习和控制算法等技术，车辆可以实现智能化的车辆控制，如自动驾驶、自适应巡航、智能停车等。这种技术的应用使得车辆可以更加精准和安全地执行各种驾驶任务，提高了驾驶的便捷性和安全性。

四、车载网络生态系统的建设

（一）车载网络标准化与规范化

车载网络标准化与规范化是车载网络技术创新发展的重要趋势之一。通过制定统一的标准和规范，可以促进车载网络技术的发展和应用，提高系统的互操作性、稳定性和安全性。

车载网络标准化与规范化有助于推动行业技术的统一和协调发展。制定统一的标准和规范可以使得不同厂商的产品和系统之间具有互操作性，降低了系统集成和开发的成本，提高了系统的稳定性和可靠性。例如，CAN 总线和 FlexRay 总线等车载网络通信协议的制定，为车载电子设备和系统之间的通信提供了统一的规范和标准，促进了车载网络技术的发展和应用。

车载网络标准化与规范化有助于提高系统的安全性和可靠性。通过制定统一的安全标准和规范，可以确保车载网络系统的安全性和防护能力，防止恶意攻击、数据泄露等安全问题。例如，ISO 26262《道路车辆功能安全》国际标准为车载电子系统的功能安全性提供了统一的评估和管理方法，确保了车载电子系统在设计、开发和运行过程中的安全性和可靠性。

车载网络标准化与规范化还有助于促进技术创新和产业发展。通过制定开放、灵活的标准和规范，可以鼓励企业和研究机构进行技术创新和产品研发，推动车载网络技术的不断进步和应用。例如，车载网络标准化组织（如 SAE、ISO 等）不断发布新的技术标准和规范，为行业提供了技术创新的方向和动力，促进了车载网络技术的创新发展。

（二）车载网络产业链的整合与优化

车载网络产业链的整合与优化是当前车载网络技术的创新发展趋势之一。这一发展趋势体现在整个车载网络产业链的不断优化和升级上。

车载网络产业链的整合与优化体现在各个环节之间的协同合作与整合。汽车制造商、通信设备供应商、软件开发商、云服务提供商等各个环节之间的合作日益密切，形成了一个相互依存、协同发展的产业生态系统。汽车制造商与通信设备供应商合作，共同研发适用于车载网络的通信技术和硬件设备；软件开发商与云服务提供商合作，共同开发适用于车载网络的应用程序和服务。这种整合与优化后的产业链将各个环节的优势有效结合起来，推动了车载网络技术的创新发展。

车载网络产业链的整合与优化体现在技术创新和应用拓展上。随着人工智能、物联网、5G 等技术的不断发展和成熟，车载网络技术正朝着智能化、互联化、高效化的方向不断演进。智能驾驶、车联网、远程诊断、数据分析等新技术和新应用不断涌现，为车载网络产业链的整合与优化提供了新的动力和机遇。汽车制造商与软件开发商合作，推出了智能驾驶辅助系统和车载应用商店；通信设备供应商与云服务提供商合作，推出了车载互联服务和远程诊断系统。这些新技术和新应用的创新拓展，为车载网络产业链的整合与优化提供了新的思路和方向。

车载网络产业链的整合与优化还体现在产业规模的不断扩大和市场竞

争的加剧上。随着汽车智能化和互联化的深入发展，车载网络技术已经成为汽车产业的一个重要组成部分，涉及汽车制造、通信设备、软件开发、云服务等多个领域。各个企业纷纷加大投入，加快技术研发和产品推广，争夺市场份额和竞争优势。同时，各个企业也在不断加强产业合作和资源整合，共同推动车载网络产业链的整合与优化，实现了产业规模的不断扩大，同时也加剧了市场竞争。

第三章　车载网络基础知识

第一节　常用基本术语

一、车载网络基本术语概述

（一）电子控制单元

1. 电子控制单元概念

车辆中的电子控制单元是一种关键的电子装置，用于控制车辆各个系统的操作和功能。电子控制单元通过接收来自车辆传感器的数据，并根据预设的算法和逻辑，对车辆的各种系统进行实时控制和调节。它的作用范围广泛，涵盖了发动机、传动系统、制动系统、安全系统等多个方面，为车辆提供了精确的控制和优化的性能。

2. 电子控制单元在各个系统中的作用

（1）发动机系统

电子控制单元通过监测发动机的工作状态、气缸压力、油耗等参数，并根据这些信息来控制喷油系统、点火系统等，以实现发动机的高效运行并降低燃油消耗。电子控制单元还可以根据车辆的负载情况和行驶状态，

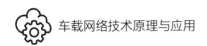

调节发动机的输出功率，提高车辆的动力性能和燃油经济性。

（2）传动系统

电子控制单元可以控制变速箱的换挡逻辑，根据车辆的行驶速度、加速度等参数，实现平稳的换挡和优化的动力输出。电子控制单元还可以通过控制差速器和牵引控制系统，提高车辆在各种路况下的牵引力和操控性能，确保车辆的行驶稳定性和安全性。

（3）制动系统

电子控制单元可以监测车辆的制动踏板行程、车速、刹车盘温度等参数，根据这些信息来控制制动液压系统的工作，实现精确的制动力分配和防抱死制动系统（ABS）的控制。这样可以确保车辆在紧急制动时不会出现车轮锁死现象，提高了车辆的制动效果和操控性能。

（4）安全系统

电子控制单元可以监测车辆的行驶状态、转向角度、车身倾斜角度等参数，根据这些信息来控制安全气囊系统、车身稳定控制系统等，保护驾驶员和乘员的安全。电子控制单元还可以与车辆的防盗系统、远程监控系统等进行通信，提高了车辆的安全性和防盗性能。

3. 其他控制单元

（1）发动机控制单元

发动机控制单元是车辆电子系统中至关重要的部件之一。它负责监测和控制发动机的各种功能，包括燃油供给、点火、排放控制等。发动机控制单元通过传感器获取发动机状态信息，并根据预先设定的算法进行计算和控制，以确保发动机在最佳性能和效率状态下运行。

（2）制动系统控制单元

制动系统控制单元是车辆制动系统的关键组成部分，它通过监测制动踏板的状态、车轮速度等参数，控制制动液压系统的工作，以实现车辆的安全停车和制动控制功能。制动系统控制单元能够根据不同的驾驶情况和路面状况，调节制动压力，并防止车轮锁死和失控现象的发生。

（3）空调系统控制单元

空调系统控制单元是车辆空调系统的核心控制器，负责监测车内外温度、湿度等环境参数，并根据用户设定的温度要求和舒适性需求，控制压缩机、风扇、空气流向等组件的工作，以调节车辆内部空气、提升舒适度。

这些电子控制单元在现代车辆中起着至关重要的作用，它们通过相互通信和协调工作，实现车辆各个系统之间的集成和智能控制。这不仅提高了车辆的性能和安全性，还提升了驾驶体验和乘坐舒适度。电子控制单元在汽车工业中具有重要的地位和作用，对于车辆的性能、安全性和环保性都有着重要的影响。

（二）总线系统

在车载网络中，总线系统是至关重要的，它负责连接车辆内部的各种电子设备和控制模块，实现它们之间的数据传输和通信。总线系统涉及一系列基本术语，包括总线拓扑结构、总线类型、节点、帧、速率和通信协议。

1. 总线拓扑结构

总线拓扑结构指的是总线系统中节点之间连接的物理布局形式。常见的总线拓扑结构包括星型、总线型、环形和混合型等。不同的拓扑结构适用于不同的应用场景，具有各自的优缺点。

2. 总线类型

总线类型描述了总线系统使用的通信协议和数据传输方式。常见的总线类型包括 CAN 总线、LIN 总线、FlexRay 总线、Ethernet 总线等。每种总线类型都有其特定的优势和适用范围，如 CAN 总线适用于高速数据传输，而 LIN 总线适用于低成本、低速率通信。

3. 节点

节点是总线系统中的设备或模块，它们连接到总线上并参与数据交换。节点可以是传感器、执行器、控制单元或其他电子设备。每个节点都有唯

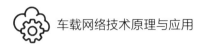

一的标识符，以便在总线上进行识别和通信。

4．帧

帧是总线系统中传输数据的基本单位，它包含了数据、控制信息和校验位等。帧的结构和格式由通信协议规定，不同类型的总线使用不同的帧格式。帧的传输速率取决于总线的类型和配置。

5．速率

速率是指数据在总线上传输的速度，通常以位每秒（bit/s）或字节每秒（Bytes/s）为单位。速率的选择取决于总线系统的要求和应用场景，不同的总线类型具有不同的最大传输速率。

6．通信协议

通信协议定义了节点之间的通信规则和数据格式。通信协议规定了帧的结构、标识符、数据字段和校验位等内容，以确保数据的可靠传输和正确解析。常见的通信协议包括 CAN 协议、LIN 协议、FlexRay 协议等。

这些术语在车载网络中起着至关重要的作用，它们定义了总线系统的基本特性和行为，为车辆内部各种电子设备的互联和通信提供了基础。

二、车载网络通信术语

（一）数据帧

1．数据帧的概念及组成

车载网络中，数据帧是用于传输数据的基本单位。数据帧是一个数据包，它包含了传输的信息和相关的控制信息，以确保数据的可靠传输和正确处理。

数据帧通常由多个字段组成，每个字段都有着特定的作用和含义。其中，最重要的字段包括数据字段、帧起始和结束标识、校验字段等。

除了以上基本字段外，数据帧还可能包括一些控制信息，例如，地址字段、控制标识字段等。这些控制信息用于指示数据帧的发送者、接收者和传输方式，以便接收端能够正确处理和解析数据。

数据帧是车载网络中用于传输数据的基本单位，它包含了传输的实际数据信息和相关的控制信息，以确保数据的可靠传输和正确处理。数据帧的结构和字段设计对于车载网络的性能和稳定性具有重要意义，需要根据具体的应用场景和需求进行合理的设计和优化。

2. 各部分作用

（1）起始位

起始位是数据帧的开端，通常由一个或多个特定的比特组成，用于标识数据传输的开始。在车载网络通信中，起始位的存在可以帮助接收端准确地确定数据帧的开始位置，从而正确解析和处理接收到的数据。起始位的格式和长度通常由通信协议规定，在不同的车载网络标准中可能会有所不同。

（2）数据字段

数据字段是数据帧的核心部分，包含了要传输的实际信息内容。数据字段的长度和格式通常由通信协议和数据帧类型决定，可以包含各种类型的数据，如传感器数据、控制指令等。在车载网络通信中，数据字段的内容可能涉及车辆的各个系统和功能，如发动机状态、车速信息、制动系统状态等。

（3）校验位

校验位是用于验证数据完整性和准确性的重要部分。它通常由一个或多个比特组成，用于存储经过特定算法计算得到的校验码。在数据传输过程中，接收端会对接收到的数据帧进行校验，计算得到校验码并与接收到的校验位进行比较，以验证数据的正确性。如果校验结果与接收到的校验位不匹配，则表明数据可能存在错误或损坏，接收端将拒绝接收这个数据帧或请求重新发送。

除了起始位、数据字段和校验位之外，数据帧还可能包含其他一些附加信息，如帧类型、地址信息等。这些附加信息可以帮助接收端正确地解析和处理数据帧，并将数据传递给相应的系统或功能模块。在车载网络通

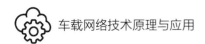

信中，数据帧的设计和组成结构通常受到通信协议的约束和标准的规定，以确保数据的可靠传输和正确处理。

（二）数据通信协议

1. 通信协议概述

车载网络通信协议是规定车辆电子系统中数据传输格式和规则的标准。这些协议定义了数据通信的各种术语和通信规则，确保了不同设备之间的兼容性和可靠性。车载网络通信协议的发展为车辆电子系统的互联互通提供了关键支持，促进了汽车技术的不断进步。

这些标准通常由行业组织或国际标准化组织制定，例如，汽车工程师学会（SAE）和国际标准化组织（ISO）。它们涵盖了各种方面，包括数据格式、通信速率、错误检测和纠正机制等。

车载网络通信协议为车辆电子系统的互联互通提供了标准化的解决方案，促进了汽车技术的发展和应用。它们不仅提高了车辆的性能和安全性，还为车辆用户带来了更好的驾驶体验和舒适度。车载网络通信协议在汽车工业中具有重要的意义和价值。

2. 常用通信协议

车载网络中的通信术语涵盖了各种数据通信协议，其中包括 CAN 协议、LIN 协议等。这些协议是车辆内部各种电子设备之间进行数据传输和通信的基础。

（1）CAN 协议

CAN 协议是车载网络中最常用的通信协议之一。它具有高速、可靠、抗干扰等特点，适用于实时数据传输和复杂系统控制。CAN 协议使用两根差分信号线进行通信，包括 CAN 高速和 CAN 低速两种速率，分别适用于不同的应用场景。

（2）LIN 协议

LIN 协议是一种低成本、低速率数据通信协议，主要用于连接车辆内部的辅助设备和控制模块。LIN 协议通常用于辅助功能，如车门控制、座椅调节、车内照明等，其低成本和简单性使其在车辆内部的辅助系统中得到广泛应用。

（3）FlexRay 协议

FlexRay 协议是一种用于高带宽、实时数据通信的通信协议，适用于复杂的车辆控制系统。FlexRay 协议具有高速率、低延迟和可靠性等特点，适用于需要高性能和实时性的应用场景，如车辆稳定性控制和驾驶辅助系统等。

（4）MOST 协议

MOST 协议是一种用于车载多媒体系统的通信协议，主要用于音频和视频数据传输。MOST 协议支持高速率、多节点连接和多媒体数据同步等特点，适用于车载娱乐系统和车载通信系统等。

除了这些常见的通信协议外，还有一些其他的通信协议，如 Ethernet、Bluetooth 和 LIN FlexRay。这些通信协议具有各自特定的特点和优势，可以满足不同应用场景的需求，为车辆内部各种电子设备之间的数据通信提供了丰富的选择。

第二节　车载网络的结构与组成

一、车载网络结构概述

（一）车载网络的定义与作用

1. 车载网络的基本概念

车载网络是指在汽车内部和车辆之间建立起来的一种网络系统，用于实现车辆内部各个部件之间的通信和信息交换，以及车辆与外部环境之间

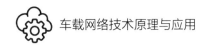

的连接和数据传输。车载网络的基本概念可以概括为以下几个方面。

第一，车载网络是由多个电子控制单元组成的。电子控制单元是车辆电子系统的核心部件之一，负责监控和控制车辆各个部件的运行。在车载网络中，不同的电子控制单元通过通信总线相连，实现了车辆各个部件之间的信息交换和控制指令传输。

第二，车载网络采用了多种通信技术和通信协议。为了满足车辆内部和车辆之间的通信需求，车载网络采用了多种通信技术，如 CAN 总线、LIN 总线、Ethernet。不同的通信技术具有不同的特点和适用范围，可以满足车载网络在不同场景下的通信需求。

第三，车载网络具有多层次的网络结构。车载网络通常由多个网络层次组成，包括车载域网络、车辆域网络和车辆到外部网络的连接。车载域网络用于实现车辆内部各个部件之间的通信，而车辆域网络用于实现车辆之间的通信，车辆到外部网络的连接则用于实现车辆与外部环境的数据交换。

第四，车载网络还具有多种网络拓扑结构，根据车辆的实际需求和应用场景选择合适的网络拓扑结构，实现车载网络的高效通信和稳定运行。

2. 车载网络在汽车系统中的作用和重要性

车载网络在汽车系统中扮演着至关重要的角色，它连接了车辆内部各个系统和外部网络，实现了信息的传输和交换。车载网络的结构包括多个层次和部件，每个部件都有着特定的功能和作用，共同构成了一个完整的车载网络系统。

车载网络的作用在于实现车辆内部各个系统之间的通信和协调。例如，发动机控制单元、制动系统、空调系统等各种汽车系统需要相互通信和协调，以保证车辆的正常运行和驾驶安全。车载网络通过连接这些系统，使它们能够实时交换信息和指令，从而实现对车辆各个方面的控制和监测。

车载网络还承载了丰富的车载娱乐和信息服务。现代汽车配备了诸如车载娱乐系统、导航系统、智能驾驶辅助系统等多种功能，这些功能需要通过车载网络与外部服务器和互联网进行通信。车载网络连接了车辆与外部世界，使驾驶者和乘客可以享受到多种多样的娱乐和信息服务，提升了驾驶的舒适性和便利性。

车载网络还在智能驾驶和车联网等领域发挥着重要作用。随着人工智能和物联网技术的不断发展，越来越多的汽车被赋予了自主驾驶和智能交通管理的能力。车载网络连接了车辆与交通基础设施和其他车辆，实现了信息共享和协同控制，为智能交通系统的建设提供了重要支撑。

车载网络在汽车系统中扮演着连接、通信和控制的重要角色，是现代汽车不可或缺的一部分。它不仅实现了车辆内部各个系统之间的协调和交互，还为驾驶者和乘客提供了丰富的娱乐和信息服务，同时也为智能驾驶和车联网等新兴技术的发展提供了技术支持和基础平台。

（二）车载网络的物理结构

1. 网络节点

车载网络结构是汽车内部各个电子控制单元之间相互连接和通信的系统。在这个结构中，网络节点扮演着关键角色，它们负责监测和控制车辆的各个功能和系统，通过网络进行数据交换和通信，构成了车载网络的基本架构。

网络节点通过传感器和执行器实现对车辆各个系统的监测和控制。传感器负责采集车辆各种参数和状态信息，如发动机转速、车速、车身倾斜角；执行器负责控制车辆各种功能和系统，如发动机控制、制动系统、空调系统等。网络节点通过接收传感器采集的数据，分析车辆的工作状态，并根据需要向执行器发送控制指令，实现对车辆各个系统的精准控制。

网络节点通过车载网络进行数据交换和通信，实现对车辆各个系统之间的协调和配合。车载网络采用现场总线、局域网、无线通信等多种通信技术，将各个网络节点连接起来，实现了数据的实时传输和共享。网络节点之间可以通过车载网络进行数据交换，共享车辆各个系统的状态信息，

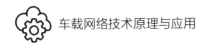

从而实现对车辆整体性能的监测和优化。

网络节点还承担着车辆诊断和故障排查的重要任务。车辆在运行过程中可能会出现各种故障和问题，网络节点通过监测车辆各个系统的工作状态和参数，能够及时检测到异常情况，并通过车载网络将诊断信息发送给技术人员或远程服务器，实现对车辆故障的及时诊断和排查，提高了车辆的可靠性和可维护性。

2. 网络连接线路 CAN 总线、LIN 总线等

车载网络结构是指在汽车内部连接各种电子设备和传感器的网络架构。它负责实现车载系统之间的数据通信和控制，是车辆智能化和互联化的重要组成部分。车载网络结构包括多种总线类型，以及各种网络拓扑结构和通信协议，以实现车辆各系统之间的数据交换和协作。

二、车载网络的组成部分

（一）电子控制单元

1. 发动机控制单元

车载网络由多个组成部分构成，其中之一是发动机控制单元。发动机控制单元是汽车中至关重要的部件之一，负责监控和管理发动机的各种功能和参数。它通过与其他系统和传感器的交互，确保发动机的顺畅运行和最佳性能。发动机控制单元由多个模块组成，每个模块都承担着特定的责任。

第一个重要模块是输入模块，它负责接收来自各种传感器的数据，如氧传感器、节气门位置传感器、冷却液温度传感器等传感器提供的数据，这些传感器提供的数据对发动机的运行状态至关重要。

第二个重要的模块是处理器模块，它负责处理输入模块提供的数据，并根据预设的算法和逻辑执行相应的操作。处理器模块通过与存储模块交互，访问事先存储的数据和指令，以便做出准确的决策。

第三个关键模块是存储模块，它存储着大量的数据，包括预设的工作

参数、校准数据和故障代码等。这些数据对于确保发动机的正常运行和故障诊断至关重要。

第四个关键的组成部分是输出模块，它负责将处理器模块生成的命令发送给发动机的各个部件，如燃油喷射器、点火系统、排气系统等。输出模块的准确性和可靠性对于发动机性能的优化至关重要。

除了这些主要模块之外，发动机控制单元还包括通信接口模块，它负责与其他车载系统进行通信，如车辆诊断系统和车载娱乐系统。这种通信能力使得发动机控制单元能够实时地接收外部信息，并根据需要做出调整。

2. 制动系统控制单元

车载网络的组成部分之一是制动系统控制单元。这一部件是车辆中至关重要的组成部分之一，负责控制车辆的制动系统。制动系统控制单元通过接收来自车辆传感器的信息，如车速、制动踏板位置等，来监测车辆的行驶状态和驾驶者的操作。基于这些信息，控制单元能够精确地调节制动系统的工作，以确保车辆在各种情况下都能够安全地制动。

制动系统控制单元的功能包括制动力分配、防抱死制动系统（ABS）的控制、电子制动力分配（EBD）等。其中，制动力分配是指根据车辆的行驶状态和路面情况，调节前后轮的制动力分配，以确保车辆制动时的稳定性和安全性。ABS 系统则通过控制制动压力，防止车轮在紧急制动时锁死，从而保持车辆的可操控性和稳定性。而 EBD 系统则根据车辆的负载情况和行驶状态，调节前后轮的制动力分配，以确保在各种情况下都能够实现最佳的制动效果。

制动系统控制单元还可以与其他车辆系统进行通信，如发动机控制单元、转向系统控制单元。这种通信可以实现各个系统之间的协调工作，提高车辆的整体性能和安全性。例如，当制动系统控制单元检测到紧急制动时，可以通过与发动机控制单元的通信，降低发动机功率，以加强制动效果，从而更快地将车辆停下来。

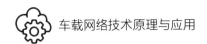

（二）通信线路与总线系统

1. CAN 总线

CAN 总线是一种在车辆电子系统中广泛应用的通信协议。它由多个组成部分构成，其中包括 CAN 控制器、CAN 收发器、CAN 线缆和 CAN 节点。

CAN 控制器是 CAN 总线系统的核心组件，负责管理总线上的通信。它能够控制 CAN 数据帧的发送和接收，并确保数据的正确传输。CAN 控制器通常由硬件和软件组成，用于执行协议规范和控制总线的操作。

CAN 收发器是用于在控制器和总线物理层之间进行电气信号转换的设备。它能够将控制器产生的数字信号转换为适合在 CAN 总线上传输的电气信号，并将总线上接收到的信号转换为控制器可处理的数字信号。

CAN 线缆是连接 CAN 节点的传输介质，通常采用双绞线结构。它能够在车辆的不同部件之间传输数据信号，并提供可靠的通信通道。

CAN 节点是连接到 CAN 总线上的设备或子系统，如发动机控制单元、制动系统、空调系统等。每个 CAN 节点都有唯一的标识符，以便在总线上进行识别和通信。节点通过 CAN 总线发送和接收数据帧，实现车辆各个部件之间的信息交换和协调工作。

2. LIN 总线

车载网络中的重要组成部分，它是一种用于低成本、低速率数据通信的串行通信协议。LIN 总线的主要组成部分包括主节点、从节点、物理层和通信协议。

主节点是 LIN 总线中的控制中心，负责发出命令并协调总线上的通信。从节点是主节点之外的设备，它们接收来自主节点的指令并执行相应的操作。

LIN 总线的物理层是指实际传输数据的硬件部分，通常使用单线制，这降低了成本并简化了连接。物理层的设计使得 LIN 总线适用于多种车辆应用，包括车内控制、仪表盘、车门模块等。

通信协议定义了主节点和从节点之间的通信规则和数据格式。它规定了数据帧的结构，包括帧头、标识符、数据、校验位等。通信协议还包括错误处理机制，以确保数据的可靠传输。

除了这些主要组成部分外，LIN 总线还包括网络管理器和诊断工具。网络管理器负责配置总线参数和识别连接的节点，而诊断工具则用于检测和解决通信故障。

LIN 总线是车载网络中的重要组成部分，它通过主节点、从节点、物理层、通信协议等组件实现低成本、低速率数据通信。LIN 总线的设计使其适用于各种车辆应用，并提供可靠的通信和灵活的配置选项。

第三节　现场总线

一、车载网络现场总线基础知识

（一）现场总线概述

1. 现场总线的定义与作用

现场总线是一种用于连接多个设备和传感器的通信系统，通常用于工业控制和汽车电子系统中。它可以实现设备之间的数据交换和通信，促进系统的集成和协同作用。通过现场总线，各种传感器、执行器和控制器可以相互连接，并通过总线进行数据交换和通信。这种数据交换和通信可以是单向的，也可以是双向的，实现了设备之间的信息共享和协同作用。例如，在工业控制领域，现场总线可以将传感器采集到的数据传输给控制器，控制器再根据数据进行相应的控制和调节。在汽车电子系统中，现场总线可以实现汽车中各个电子设备之间数据的传输和交换，实现车载电子系统的集成和协同作用。

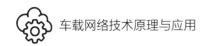

现场总线的基础知识包括总线拓扑结构、通信协议、数据传输速率等方面。总线拓扑结构指的是总线系统中各个设备之间的物理连接方式。通信协议是指总线系统中设备之间进行数据交换和通信所遵循的规则和约定，常见的通信协议包括 CAN、LIN、FlexRay 等。数据传输速率是指总线系统中数据传输的速度，通常以 bps 或字 Bps 为单位，不同的总线系统具有不同的数据传输速率。

2. 现场总线在车载网络中的应用场景

现场总线在车载网络中有着广泛的应用场景，它是一种用于在车辆内部各个部件之间进行数据传输和通信的通信技术。现场总线基础知识是了解现场总线在车载网络中应用场景的重要前提。

现场总线被广泛用于汽车电子系统之间的连接和通信。汽车内部有众多的电子控制单元，包括发动机控制单元、变速箱控制单元、车身控制单元等，它们通过现场总线进行连接和通信。现场总线可以将各个电子控制单元之间的数据进行高效传输和共享，实现对车辆各个系统的集中控制和协调管理，从而提高了汽车的整体性能和安全性。

现场总线被广泛用于车辆诊断和故障排查。现场总线可以将车辆各个部件的状态和参数信息传输给诊断设备或远程服务器，供技术人员进行实时监测和分析。通过现场总线，技术人员可以远程诊断车辆的故障原因，并及时采取相应的措施进行修复，提高了车辆的可靠性和可维护性。

现场总线在车载网络中还被广泛用于车载娱乐和信息系统的连接和通信。现代汽车配备了众多的娱乐和信息系统，如音响系统、导航系统、语音识别系统等，它们通过现场总线进行连接和通信。现场总线可以实现这些系统之间的数据共享和互操作，使得车载娱乐和信息系统更加智能化和便捷化，优化了驾驶员和乘客的使用体验。

（二）现场总线标准

现场总线标准是车载网络的重要组成部分，它是一种用于在车辆内部各种电子设备之间进行数据通信和控制的通信协议。这些标准规定了数据传输的格式、通信协议、物理连接等细节，以确保车载网络系统的稳定性、可靠性和互操作性。

现场总线标准定义了数据传输的格式和协议，包括数据帧的结构、数据字段的定义、通信速率的规定等。通过应用统一的数据传输格式和协议，不同厂商生产的车载电子设备可以实现互相通信和交互，实现数据的共享和协作。

现场总线标准规定了通信协议和通信规范，包括通信的时序、数据传输的方式、错误检测和纠正机制等。通过制定统一的通信协议和规范，可以确保车载网络系统的稳定性和可靠性，防止数据传输过程中的错误和丢失。

现场总线标准规定了物理连接的接口和规范，包括连接器的形状、引脚的定义、电气特性等。通过应用统一的物理连接接口和规范，可以确保车载电子设备之间的连接稳固可靠，避免接触不良和断线等问题。

现场总线标准还规定了通信速率和带宽的要求。这包括数据传输的速率、带宽的分配等。通过统一的通信速率和带宽要求，可以确保车载网络系统的数据传输效率和性能。

二、车载网络中的现场总线应用

（一）汽车电子系统中的现场总线应用

1. 发动机控制单元之间的通信

发动机控制单元之间的通信在车载网络中起着至关重要的作用。发动机控制单元是车辆电子系统中的核心部件之一，负责监测和控制发动机、传动系统等各个子系统的运行。为了实现对整车各个部件的协调控制和信息交换，不同发动机控制单元之间需要进行有效的通信。而现场总线技术作为一种重要的通信技术，被广泛应用于车载网络中，为发动机控制单元

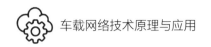

之间的通信提供了可靠的技术支持。

现场总线技术在车载网络中实现了发动机控制单元之间的高效通信。传统的车载通信往往采用点对点的方式，每个发动机控制单元与其他发动机控制单元之间需要建立独立的通信连接，导致通信复杂度高、成本昂贵。而现场总线技术采用集中式通信结构，通过单一的总线连接所有的发动机控制单元，实现了多个发动机控制单元之间的同时通信，提高了通信效率和可靠性。

现场总线技术为车载网络中的数据交换提供了稳定的通信环境。在车辆行驶过程中，发动机控制单元之间需要交换大量的数据和信息，如传感器数据、控制指令等。现场总线技术通过采用时效性强、抗干扰能力强的通信协议，保证了数据传输的稳定性和可靠性，使得车辆各个部件之间的通信更加稳定和可靠。

现场总线技术还提高了车载网络中数据传输的灵活性和扩展性。由于车辆的电子系统复杂度较高，不同车型、不同厂家的车辆可能会采用不同的发动机控制单元配置和通信协议。现场总线技术具有较强的灵活性和扩展性，可以根据不同车型和应用场景的需求进行灵活配置和扩展，实现对不同类型发动机控制单元的支持和兼容，提高了车载网络的通用性和可定制性。

2. 车身电子系统的现场总线应用

现场总线在车载网络中起着至关重要的作用。它通过现场总线技术实现了车身电子系统内部各个模块之间的数据交换和通信，实现了车辆电子设备的集成和协同，提高了车辆的性能、安全性和舒适性。

现场总线实现了车身电子系统各个模块之间的数据交换和通信。车身电子系统包括车载娱乐系统、车载信息系统、车载安全系统等多个模块，它们需要进行数据交换和通信以实现各自的功能。通过现场总线技术，这些模块可以相互连接，并通过总线进行数据传输和通信，实现了车身电子系统内部各个模块之间的信息共享和协同。

现场总线在车载网络中实现了车辆电子设备的集成和协同作用。车载网络包括车辆内部网络和车辆与外部网络之间的通信系统，它们需要通过现场总线技术实现车载电子设备之间的数据交换和通信。通过现场总线技术，车载电子设备可以相互连接，并通过总线进行数据传输和通信，实现了车辆内部各个电子设备之间的集成和协同，提高了车辆整体性能和功能。

现场总线应用还促进了车身电子系统的功能拓展和升级。随着汽车科技的不断进步和用户需求的不断变化，车身电子系统需要不断升级和拓展。通过现场总线技术，车身电子系统可以更方便地连接和集成新的电子设备和模块，实现新功能的快速引入和应用。同时，现场总线技术还可以实现对车身电子系统的远程升级和维护，为车辆的长期使用和维护提供了便利。

（二）现场总线在汽车网络中的优势与挑战

1. 优势

车载网络中的现场总线应用涉及实时性、可靠性、成本效益等多个方面，这些因素在现场总线技术的选择和应用中起着重要作用。

实时性是车载网络中现场总线应用的关键考量因素之一。在车辆内部的各个部件之间进行数据传输和通信需要具备较高的实时性，以确保各个系统能够及时响应和协调工作。现场总线技术通常采用高速、低延迟的数据传输方式，能够满足车载网络对实时性的需求，保证车辆各个部件之间的快速、稳定的数据交换。

可靠性是车载网络中现场总线应用的重要考量因素之一。车辆在行驶过程中面临各种复杂的道路、工作环境，现场总线技术需要具备较强的抗干扰能力和稳定性，以确保数据传输的可靠性和稳定性。现场总线技术通常采用差分信号传输、纠错编码等技术手段，提高了数据传输的抗干扰能力和可靠性，保证了车载网络系统的稳定运行。

成本效益是车载网络中现场总线应用的重要考量因素之一。现场总线技术的选择和应用需要考虑到硬件设备的成本、安装维护的成本、系统整合的成本等多个方面。现场总线技术通常采用标准化接口和通信协议，能够降低硬件设备的开发和生产成本。同时，现场总线技术的可靠性和稳定性能够降低安装维护的成本，提高了车载网络系统的整体性价比。

2. 挑战

车载网络中的现场总线应用面临着一系列挑战和问题，包括带宽限制、通信冲突和数据安全性等方面。

带宽限制是车载网络中现场总线应用的一个重要问题。车载网络系统中存在大量的电子设备和传感器，需要在各个设备之间进行数据通信和交换。车载网络的带宽有限，无法满足所有设备同时进行大量数据传输的需求。现场总线应用需要有效地管理带宽资源，合理分配带宽，以满足各个设备的通信需求，同时尽可能减少带宽浪费和冗余数据传输。

通信冲突是车载网络中现场总线应用的另一个挑战。在数据传输过程中可能会出现通信冲突的情况，即多个设备同时发送数据导致数据包碰撞或丢失。为了解决通信冲突问题，现场总线应用需要采用合适的通信协议和机制，如冲突检测和重传机制，以确保数据传输的顺利进行，避免数据丢失和传输失败。

数据安全性是车载网络中现场总线应用面临的一个重要挑战。车载网络系统涉及大量的车辆控制和信息交换，包括车辆的行车状态、位置信息、乘员信息等敏感数据。这些数据在传输过程中面临着被窃取、篡改或泄露的风险。现场总线应用需要采取一系列安全措施来保护数据的安全性，如加密通信、身份认证、访问控制等，以确保数据在传输过程中不被恶意攻击者获取或篡改。

第四节 汽车网络参考模型

一、汽车网络参考模型的物理层

（一）车载网络总线

1. LIN 总线

LIN 总线是一种用于汽车网络的低速串行通信总线，主要用于连接车辆内部的各种电子控制单元，实现对车辆各个系统的数据传输和通信。LIN 总线作为汽车网络参考模型的物理层，扮演着连接和传输数据的重要角色。

LIN 总线的物理层特点是其低成本和简单性。相比于其他汽车网络总线，LIN 总线的成本更低，实现更简单。这使得 LIN 总线在车辆的基本控制和监测系统中得到了广泛应用，例如，车身控制单元、门窗控制单元、座椅控制单元等。

LIN 总线的通信速率相对较低，通常在几百比特每秒的范围内。这使得 LIN 总线适用于对通信速率要求不高的应用场景。虽然通信速率较低，但 LIN 总线仍然能够满足这些系统的通信需求，保证数据的稳定传输和实时响应。

LIN 总线采用了主从式的通信架构，其中一个电子控制单元作为主节点负责控制总线的访问和数据传输，而其他电子控制单元则作为从节点响应主节点的指令。这种通信架构简化了系统设计和实现，降低了总线冲突和数据碰撞的可能性，提高了系统的稳定性和可靠性。

LIN 总线还支持分时复用技术，即多个从节点共享同一个总线并按照预定的时间间隔依次发送数据。这种技术使得多个从节点能够在同一个总线上进行并行通信，提高了总线的利用率和效率。

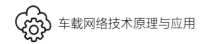

2. FlexRay 总线

FlexRay 总线是一种高性能、实时性强的汽车网络通信协议，它在汽车网络中扮演着重要的角色。FlexRay 总线的物理层是其基础组成部分之一，负责实现数据在物理层的传输和通信。该物理层采用了特定的硬件和电气规范，以支持 FlexRay 总线的高速传输和实时性要求。

FlexRay 总线的物理层包括了传输介质、连接器、电气特性等多个方面。传输介质通常采用双绞线或光纤，以支持高速数据传输并具备抗干扰能力。双绞线通常用于短距离通信，而光纤则适用于长距离通信和高速数据传输。连接器是实现 FlexRay 总线与车辆电子系统连接的关键部件，它需要提供可靠的连接性和良好的电气接触性，以确保数据的稳定传输和通信质量。电气特性是 FlexRay 总线物理层的重要考虑因素之一，它包括了电压、速率、波特率等参数，需要满足 FlexRay 总线的通信要求和性能需求。

在 FlexRay 总线的物理层中，采用了灵活的数据帧结构和高速数据传输技术，以满足汽车网络中对实时性、可靠性和带宽的不断增长要求。数据帧的结构包括了同步段、静态段、动态段等多个部分，其中同步段用于同步所有节点的时钟和数据，静态段用于传输高优先级的控制信息，而动态段则用于传输低优先级的数据信息。通过这种灵活的数据帧结构，FlexRay 总线可以实现多个不同优先级的数据同时传输，并且能够根据需要进行优先级的调整和控制，从而确保数据的及时传输和处理。

FlexRay 总线的物理层还采用了时分多路复用（TDMA）技术，以实现多个节点之间的数据传输和通信。TDMA 技术将时间分割成多个时间槽，每个时间槽分配给不同的节点进行数据传输，从而避免了数据冲突和碰撞，提高了总线的传输效率和可靠性。通过这种时分多路复用技术，FlexRay 总线可以实现高速、高效的数据传输，满足汽车网络中对实时性和可靠性的严格要求。

CAN 总线是车载网络结构中的一种重要总线类型。CAN 总线是一种高速、可靠的串行通信总线，广泛应用于车载网络中。它能够实现多个设备之间的数据传输和通信，支持实时数据传输和高效率的通信，适用于车辆各种实时控制和监测应用。

LIN 总线是车载网络结构中的另一种常见总线类型。LIN 总线是一种低速、简单的串行通信总线，主要用于连接车辆内部的低速、简单的电子设备和传感器。它能够实现低成本、低功耗的数据通信，适用于车载网络中的辅助控制和监测应用。

FlexRay 总线是一种高速、实时的串行通信总线，主要用于连接车辆内部的高速、实时的电子控制系统。它能够实现高速率、低延迟的数据传输，适用于车辆的实时控制和安全系统应用。

Ethernet 总线是一种高速、高带宽的网络通信总线，主要用于连接车载网络与外部网络或云平台。它能够实现高速率、大容量的数据传输，适用于车载网络的数据交换和远程监控应用。

（二）车载网络连接器

1. OBD-Ⅱ连接器

OBD-Ⅱ连接器是汽车网络参考模型中物理层的重要组成部分之一。它是一种标准化的接口，用于连接车辆的电子控制单元和诊断工具，以实现车辆诊断和数据通信。OBD-Ⅱ连接器通常位于车辆驾驶室内，便于驾驶员和技师进行接入和诊断操作。

这种连接器采用了标准的物理接口和通信协议，以确保不同品牌和型号的车辆都能够兼容。通常，OBD-Ⅱ连接器采用 16 针的接口，其中包含了多种信号线，如电源、地线、数据线等。这些信号线通过连接诊断工具，实现了对车辆电子系统的诊断和数据交换。

OBD-Ⅱ连接器的物理层设计考虑了多种因素，如接口形状、尺寸、电气特性等。为了确保连接器的稳定性和可靠性，通常采用耐高温、耐腐蚀的材料制造，并设计了防水、防尘等功能。连接器的布局和安装位

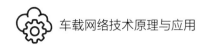

置也需要考虑到易用性和安全性，以便驾驶员和技师能够方便地接入和操作。

除了物理接口外，OBD-Ⅱ连接器还应用于通信协议的选择和实现。OBD-Ⅱ连接器通常支持多种通信协议。这些通信协议定义了数据的传输格式、速率、错误检测、纠正机制等，以确保诊断工具和车辆电子系统之间的稳定通信。

2. Ethernet 连接器

汽车网络参考模型的物理层是指汽车网络中用于实现数据传输和通信的物理连接和传输介质。其中，Ethernet 连接器在汽车网络中扮演着至关重要的角色。Ethernet 连接器是一种用于连接汽车内部各种电子设备和模块的接口，它们提供了可靠的物理连接和数据传输介质。

在汽车网络中，Ethernet 连接器的设计和规格通常受到汽车行业标准和规范的影响。这些标准和规范明确了 Ethernet 连接器的物理特性、电气特性、通信协议等方面的要求，以确保汽车网络的稳定性、可靠性和兼容性。

Ethernet 连接器通常采用标准化的连接接口，这些接口具有良好的机械强度和抗干扰性能，适用于汽车环境中的各种振动和温度条件。Ethernet 连接器的设计还考虑到了防水、防尘、耐腐蚀等特性，以满足汽车使用的苛刻环境要求。

在汽车网络中，Ethernet 连接器通常用于连接各种电子控制单元、传感器、执行器、显示屏等设备。它们通过 Ethernet 连接器进行数据交换和通信，实现车辆内部各系统之间的互联和数据共享。Ethernet 连接器的可靠性和稳定性对于汽车网络的正常运行和性能至关重要。

在汽车网络参考模型的物理层中，Ethernet 连接器还应用于数据传输介质的选择和布局。通常情况下，汽车网络中采用双绞线、同轴电缆、光纤等传输介质进行数据传输，具体选择取决于网络的带宽要求、距离要求、环境条件等因素。

二、汽车网络参考模型的逻辑层

（一）车载网络接口

1. OBD-Ⅱ接口

OBD-Ⅱ接口是汽车网络参考模型中逻辑层的一个重要组成部分，它在汽车电子系统中起着关键的作用。OBD-Ⅱ接口是 On-Board Diagnostics 第二代的简称，它是一种标准化的接口协议，用于诊断和监控车辆的各系统和部件。OBD-Ⅱ接口通过提供统一的数据格式和通信协议，实现了不同厂家和不同车型之间的兼容性，为车辆诊断和维护提供了便利。

在汽车网络参考模型中，OBD-Ⅱ接口的逻辑层负责处理从车辆各个系统和传感器中收集到的数据，并将其转换成标准化的数据格式，以便进行诊断、监控和故障排除。逻辑层还负责定义和管理与车辆诊断相关的通信协议和数据交换规则，确保数据的正确传输和解析。

OBD-Ⅱ接口的逻辑层主要包括了诊断服务、故障码定义、数据格式、通信协议等多个方面。诊断服务是 OBD-Ⅱ接口的核心功能之一，它包括了读取车辆传感器数据、监测车辆状态、执行特定测试等多种服务。通过这些诊断服务，车辆的各个系统和部件的状态可以被实时监控和检测，从而及时发现并解决潜在的问题和故障。

故障码定义是 OBD-Ⅱ接口的重要组成部分，它用于标识和记录车辆各个系统和部件的故障信息。故障码通常采用标准的格式和编码规则，以便在不同车型和厂家之间进行统一解析和识别。通过读取故障码，车辆维修人员可以快速定位和诊断车辆的故障原因，从而提高了维修效率和精度。

OBD-Ⅱ接口的逻辑层还定义了车辆传感器数据的标准化格式和通信协议，以便在车辆电子系统之间进行数据交换和共享。这些数据包括了发动机转速、车速、油耗、排放等各种参数，通过标准化的格式和协

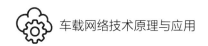

议，可以实现不同系统之间的数据交互和共享，为车辆的智能化和互联提供了基础支持。

2. Ethernet 接口

汽车网络参考模型中的逻辑层在整个汽车网络中起着至关重要的作用，它是实现不同车载系统之间通信和数据交换的关键组成部分。在这个层面上，Ethernet 接口是一种通信技术，以支持汽车网络中的高速数据传输和实时性要求。Ethernet 接口在汽车网络中的逻辑层中扮演着至关重要的角色，它通过提供标准化的通信协议和接口，实现了各种车载系统之间的连接和通信，促进了车辆的智能化和互联互通。

Ethernet 接口在汽车网络的逻辑层中提供了一种灵活、高效的通信技术。作为一种标准化的通信协议，Ethernet 接口具有通用性强、带宽大、速度快等特点，能够满足汽车网络中对高速数据传输和大容量数据处理的需求。通过使用 Ethernet 接口，不同车载系统之间可以实现快速、稳定的数据交换和通信，满足了实时性、可靠性和高效性的要求。

Ethernet 接口在汽车网络的逻辑层中支持了多种网络拓扑结构和通信模式。Ethernet 接口可以实现点对点连接、总线型连接、星型连接等多种拓扑结构，以适应不同车辆系统之间的连接需求。同时，Ethernet 接口还支持了广播式通信、多播式通信、单播式通信等多种通信模式，为车辆网络中的数据传输和通信提供了更大的灵活性和可扩展性。

Ethernet 接口在汽车网络的逻辑层中提供了丰富的网络管理和安全功能。通过使用 Ethernet 接口，车辆制造商可以对车载系统进行远程管理和监控，实现对车辆性能和状态的实时监测和控制。同时，Ethernet 接口还支持了数据加密、身份认证、访问控制等多种安全机制，保障了车辆网络中数据的安全性和隐私性，防止了恶意攻击和数据泄露。

Ethernet 接口在汽车网络的逻辑层中为车辆的智能化和互联互通提供了重要支持。通过使用 Ethernet 接口，不同车载系统之间可以实现高速、实时的数据交换和通信，从而实现了车辆内部各个系统之间的协同工作和智能化控制。同时，Ethernet 接口还为车辆与外部环境之间的互联互通提供了基础，为车辆的自动驾驶、智能交通等应用场景的实现提供了可能。

Ethernet 接口作为汽车网络参考模型中的逻辑层的重要组成部分，通过提供灵活、高效的通信技术、丰富的网络管理和安全功能，为车辆网络中的数据传输和通信提供了坚实的基础支持。它促进了车辆的智能化和互联互通，推动了汽车行业的发展和变革。

（二）车载网络数据格式

1. JSON 数据格式

JSON 是一种轻量级的数据交换格式，常用于在不同系统之间传输和存储数据。在汽车网络参考模型中的逻辑层，JSON 数据格式扮演着重要的角色，它提供了一种灵活、简洁的方式来表示、传输车辆数据。

JSON 数据格式采用键值对的方式来组织数据，其中键是字符串，值可以是字符串、数字、布尔值、数组或对象。这种简洁的数据结构使得 JSON 适用于在汽车网络中传输各种类型的数据，如传感器数据、控制指令、配置信息等。

汽车网络参考模型的逻辑层利用 JSON 数据格式来实现车辆电子系统之间的数据交换和通信。例如，当车辆需要向远程服务器发送数据时，可以将数据封装成 JSON 格式的消息，并通过网络传输到目标服务器。服务器收到消息后，可以解析 JSON 数据并进行相应的处理和响应。

JSON 数据格式的简洁性和可读性使得它成为了汽车网络中的一种通用数据表示方式。它不仅易于使用和理解，还具有良好的兼容性和扩展性。汽车厂商和开发者可以根据自己的需求定义 JSON 数据结构，并利用现有的 JSON 解析库来实现对数据的解析和处理。

JSON 数据格式还可以与其他技术和标准结合使用，以实现更复杂的汽车网络应用。例如，可以通过 RESTful API 来实现车辆远程控制和监控功能，将 JSON 格式的控制指令发送到车辆，然后由车辆解析并执行相应的操作。

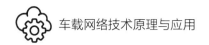

JSON 数据格式在汽车网络参考模型的逻辑层中扮演着重要的角色，它为车辆电子系统之间的数据交换提供了一种简洁、灵活的方式。通过 JSON 数据格式，车辆可以更方便地与外部系统进行通信和集成，实现更智能、更便捷的汽车应用。

2. XML 数据格式

XML 数据格式在汽车网络参考模型的逻辑层中扮演着重要角色。XML（可扩展标记语言）是一种常用于描述和传输结构化数据的标记语言，它具有灵活性高和可读性强的特点，适用于在汽车网络中表示和交换各种数据信息。

汽车网络参考模型的逻辑层负责定义和管理数据的逻辑结构和交换方式。XML 数据格式在逻辑层中用于描述和组织各种数据类型，如车辆诊断信息、传感器数据、控制指令等。通过 XML 数据格式，汽车网络中的不同系统和设备可以实现数据的统一表示和交换。

XML 数据格式采用标记和属性的方式来描述数据结构和内容。标记用于表示数据的类型和层次结构，而属性则用于描述数据的特性和属性。XML 数据格式还支持嵌套结构和复杂数据类型，使得它能够灵活地表示各种复杂数据信息。

在汽车网络中，XML 数据格式通常用于描述车辆配置信息、故障码信息、传感器数据和控制指令等。例如，汽车诊断系统可以使用 XML 格式来表示车辆的故障码信息和诊断结果，而车载娱乐系统可以使用 XML 格式来表示音频和视频播放列表。

XML 数据格式的优势之一是其可读性强，这使得它易于理解和解析。汽车网络中的各种系统和设备可以轻松地解析和处理 XML 格式的数据，从而实现数据的有效交换和利用。XML 数据格式还支持数据的灵活性和扩展性，可以根据需要轻松地添加新的数据字段和信息。

另一个重要的特点是 XML 数据格式的通用性和跨平台性。它不依赖于特定的硬件或软件平台，可以在不同的系统和设备之间进行数据交换和共享。这使得汽车网络中的各种系统和设备能够实现互操作性和集成性，从而提高了系统的整体效率和性能。

第五节　车载网络分类和通信协议标准

一、车载网络分类

（一）物理层网络分类

1. 有线网络

在车载网络中，有线网络是一种常见且十分重要的网络分类，它在汽车内部起着连接各种车载系统和模块的作用。有线网络可以根据其结构、传输介质、通信协议等不同特点进行分类。

除了 CAN 总线、LIN 总线、Ethernet 网络外，还有一些其他类型的有线网络，如 MOST 网络、FlexRay 总线等。这些有线网络根据其特定的技术和应用领域，在汽车网络中发挥着重要作用。

2. 无线网络

无线网络在车载网络中发挥着重要的作用，可以根据其不同的特性和应用场景进行分类。首先是车辆内部的无线网络，它主要用于连接车辆内部的各个系统和设备，实现数据交换和通信。车载内部的无线网络通常包括车载随意移动网络（VANET）、车载以太网（VLAN）等。VANET 是一种基于车辆间通信的无线网络，它通过车辆之间的无线通信设备，实现了车辆之间的信息交换和数据共享，促进了车辆之间的互联互通。VLAN 则是一种基于车载局域网的无线网络，它主要用于连接车辆内部的各个系统和设备，实现车载系统之间的数据传输和通信。

另外一种是车辆外部的无线网络，它主要用于连接车辆与外部环境之间的通信和数据交换。车载外部的无线网络通常包括车载通信系统（C2X）、车载娱乐系统等。C2X 是一种基于车辆对基础设施（V2I）、车辆对车辆（V2V）通信的无线网络，它通过车辆之间和车辆与基础设施之间的无线通信，实现了车辆之间的信息共享和交互，提高了车辆的行驶安全性和交通效率。车载娱乐系统则是一种基于车载多媒体终端的无线网络，它主要用于车辆内部的娱乐和信息服务，为车辆乘客提供了丰富的娱乐内容和服务。

还有一种是车辆与云端的无线网络，它主要用于连接车辆与云端服务器之间的通信和数据交换。车辆与云端的无线网络通常包括车载云端系统、远程诊断系统等。车载云端系统是一种基于车载终端和云端服务器的无线网络，它通过无线通信技术，实现了车辆与云端服务器之间的实时数据同步和远程控制，为车辆的远程监控和管理提供了便利。远程诊断系统则是一种基于车载终端和云端服务器的无线网络，它通过无线通信技术，实现了车辆故障诊断和远程维护，提高了车辆的可靠性和安全性。

（二）逻辑层网络分类

1. 控制网络

控制网络在车辆电子系统中扮演着至关重要的角色，它负责管理和控制车辆各个部件之间的通信和数据交换。在逻辑层网络分类中，车载网络被划分为多种不同类型，包括本地控制网络、车辆通信网络和外部通信网络。

本地控制网络是指车辆内部用于连接和控制各个子系统和部件的网络。这种网络通常采用专用的通信协议和物理层接口，以实现高效的数据交换和实时控制。本地控制网络涵盖了多个子系统，如发动机控制单元、制动系统控制单元、空调系统控制单元等。这些子系统通过本地控制网络进行数据交换和协调，共同实现车辆的各项功能、完成各项操作。

车辆通信网络是指在车辆内部各个子系统之间进行数据交换和通信的

网络。这种网络通常采用标准化的通信协议和接口，以确保不同品牌和型号的车辆都能够兼容和互通。车辆通信网络涵盖了多种技术和协议。这些通信网络为车辆内部各个子系统之间提供了可靠的数据传输通道，实现了对车辆的智能控制和协同工作。

外部通信网络是指车辆与外部环境和设备进行数据交换和通信的网络。这种网络通常涵盖了车载娱乐系统、车联网系统、远程诊断系统等。外部通信网络采用了各种通信技术和协议，如无线网络、蓝牙、互联网。通过外部通信网络，车辆可以与驾驶员、其他车辆、道路基础设施等进行实时数据交换和信息共享，提高了车辆的安全性、便利性和智能化水平。

2. 数据网络

数据网络在车载网络中扮演着重要角色，根据其逻辑层的不同特点和功能，可以对其进行分类。车载网络的分类也可以根据不同的标准和需求进行划分，从而更好地满足车辆内部各种系统和设备之间的数据传输和通信需求。

根据数据网络的逻辑层特点，可以将车载网络分为实时数据网络和非实时数据网络两类。实时数据网络主要用于传输需要及时处理和响应的数据，如车辆控制指令、传感器数据等。而非实时数据网络则主要用于传输对时效性要求不高的数据，如车载娱乐系统、车辆诊断系统。这种分类能够更好地满足车辆内部不同系统对数据传输时效性的需求。

根据数据网络的功能和应用领域，可以将车载网络分为车辆控制网络和车载娱乐网络两类。车辆控制网络主要用于车辆内部各种控制模块和传感器之间的数据传输和通信，用于实现车辆的各种功能和操作。而车载娱乐网络则主要用于连接车载娱乐系统和多媒体设备，用于提供车载娱乐和信息服务。这种分类能够更好地满足车辆内部不同功能模块的数据通信需求。

根据数据网络的技术和通信协议，可以将车载网络分为 CAN 网络、LIN

网络、Ethernet 网络等不同类型。CAN 网络是一种常用于车载控制系统的通信协议，具有高速率、可靠性强的特点，适用于实时数据传输和复杂系统控制。LIN 网络则是一种用于低速率数据通信的协议，主要用于连接车载辅助系统和控制模块。而 Ethernet 网络则是一种用于高速数据通信的协议，适用于车载娱乐系统和多媒体设备的连接。这种分类能够更好地满足不同应用场景和技术要求下的数据通信需求。

二、车载网络通信协议标准

（一）有线网络通信协议

1. CAN 通信协议标准

CAN 通信协议标准是车载网络中最常用的通信协议之一，它在汽车电子系统之间实现了可靠的数据交换和通信。CAN 通信协议标准主要基于控制器局域网技术，采用串行通信方式，以支持多个节点之间的数据传输和通信。CAN 通信协议标准的广泛应用，使得它成为了汽车电子系统之间通信的重要基础，促进了车辆智能化和互联互通的发展。

CAN 通信协议标准具有高度可靠性和实时性。由于 CAN 通信协议标准采用了先进的错误检测和纠正技术，以及分布式时钟同步机制，使得数据传输更加稳定和可靠。同时，CAN 通信协议标准还具有较低的延迟和固定的通信周期，可以满足车辆电子系统对实时性的严格要求，确保了数据的及时传输和处理。

CAN 通信协议标准具有高效性和灵活性。CAN 通信协议标准采用了基于标识符的消息过滤和优先级控制机制，可以灵活地进行数据帧的筛选和传输。这样可以确保高优先级消息的及时传输，同时兼顾低优先级消息的传输需求，实现了对数据传输的高效利用和灵活控制。

CAN 通信协议标准还具有较高的抗干扰能力和稳定性。由于 CAN 通信协议标准采用了差分信号传输和抗干扰设计，使得其在噪声环境和恶劣工况下仍能保持稳定的通信质量。这样可以有效地防止外部干扰对数据传输的影响，保证了车辆电子系统的正常运行和通信可靠性。

CAN 通信协议标准还具有开放性和可扩展性。由于 CAN 通信协议标准是一种开放标准，各个车辆制造商和电子系统供应商都可以基于其进行自由开发和应用。同时，CAN 通信协议标准还支持数据帧格式的扩展和自定义，可以根据不同车辆电子系统的需求进行定制，实现了通信协议的广泛应用和适配。

2. LIN 通信协议标准

车载网络通信协议标准中的 LIN 通信协议标准是一种重要的通信协议，用于在车辆电子系统之间进行本地连接和通信。LIN 通信协议标准是一种低成本、低速率、低复杂度的串行通信协议，适用于连接车辆内部的各种辅助系统和设备，如门锁控制、窗户控制、灯光控制。该协议通过定义通信格式、数据传输方式、网络拓扑结构等方面的规范，实现了车辆内部的各个系统之间的连接和通信，为车辆的功能性和性能提供了基础支持。

LIN 通信协议标准采用了灵活的通信格式和数据传输方式，以满足车辆内部各个系统之间的通信需求。通信格式包括了消息头、数据字段、校验位等多个部分，其中消息头用于标识数据传输的起始和终止，数据字段用于存储实际的信息内容，校验位用于验证数据的完整性和准确性。数据传输方式则采用了主从架构和轮询机制，主节点负责发送命令和控制信息，从节点负责接收和执行命令，通过轮询机制实现了节点之间的时分复用和通信。

LIN 通信协议标准规定了网络拓扑结构和通信速率等方面的规范，以支持车辆内部各个系统之间的连接和通信。网络拓扑结构通常采用了星型、总线型或混合型结构，通过连接器和线束实现了各个系统之间的物理连接。通信速率通常在 2.4～20 kbit/s，适用于车辆内部的低速数据传输和控制应用。通过网络拓扑结构和通信速率等规范，LIN 通信协议标准确保了车辆内

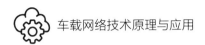

部各个系统之间的稳定连接和可靠通信。

LIN 通信协议标准还支持了多种功能和特性,以满足车辆内部各个系统的需求和应用场景。例如,它支持节点的自动配置和识别,简化了系统的安装和调试。它还支持节点的睡眠模式和唤醒机制,降低了系统的能耗和功耗。它还支持故障诊断和错误处理机制,提高了系统的可靠性和稳定性。通过这些功能和特性的支持,LIN 通信协议标准实现了车辆内部各个系统之间的智能化和互联互通。

(二)无线网络通信协议

1. 蓝牙通信协议标准

蓝牙通信协议标准在车载网络通信协议中扮演着重要的角色。蓝牙是一种短距离无线通信技术,广泛应用于车辆电子系统中,用于连接车辆内部各个设备和外部设备,实现数据交换和控制功能。蓝牙通信协议标准定义了蓝牙设备之间的通信规则和数据格式,以确保不同设备之间的兼容性和稳定性。蓝牙通信协议标准分为多个版本,每个版本都引入了新的功能和改进,以适应不断变化的需求和技术发展。蓝牙通信协议标准通常由蓝牙技术联盟制定和管理,其主要版本包括经典蓝牙和低功耗蓝牙。

经典蓝牙是最早推出的蓝牙通信协议标准之一,用于连接各种类型的设备,如手机、耳机、音箱等。经典蓝牙采用射频技术,在 2.4 GHz 频段进行通信,具有较高的传输速率和较长的通信距离。经典蓝牙通信协议标准定义了多种通信模式和配置选项,包括基本数据传输模式、音频传输模式、远程控制模式等。这些模式和配置选项提供了灵活的通信方式,满足了不同设备之间的通信需求和设备的应用场景。

低功耗蓝牙是一种新型的蓝牙通信协议标准,专门用于连接低功耗设备,如传感器、健康监测器等。低功耗蓝牙通信协议标准采用了新的通信方式和数据格式,以实现更低的功耗和更长的电池寿命。低功耗蓝牙通信协议标准引入了广播模式、连接模式、低功耗睡眠模式等功能，以满足不同低功耗设备的需求和应用场景。

2. Wi-Fi 通信协议标准

Wi-Fi 通信协议标准在车载网络通信中具有重要意义，它是一种广泛应用于车辆内部和车辆外部通信的无线网络技术。Wi-Fi 通信协议标准基于 IEEE 802.11 系列标准，提供了高速、可靠的无线数据传输，适用于连接车辆内部的各种系统和设备，以及与外部环境进行通信。这一通信协议标准的广泛应用，为车载网络的智能化和互联互通提供了重要支持。

Wi-Fi 通信协议标准能够提供高速的数据传输，适用于具有高带宽和大容量数据传输需求的车载网络。通过 Wi-Fi 技术，车辆内部各个系统之间可以实现快速、稳定的数据传输，支持高清视频、音频流等多媒体数据的传输和播放，为车辆内部的娱乐和信息服务提供了强大的支持。同时，Wi-Fi 通信协议标准还支持多种频段和频率带宽选择，能够适应不同车辆环境和通信需求。

Wi-Fi 通信协议标准提供了灵活的网络拓扑结构和连接方式，能够满足车辆内部各种系统之间的连接需求。它支持点对点连接、基础设施模式、网络桥接模式等多种连接方式，通过无线路由器或者车载终端设备实现了车辆内部各个系统之间的连接和通信。同时，Wi-Fi 通信协议标准还支持多种安全加密算法和认证机制，保障了车载网络中数据的安全性和隐私性。

Wi-Fi 通信协议标准还支持了多种应用和服务，为车辆内部和车辆外部的通信提供了丰富的功能和特性。例如，它支持车载娱乐系统、车载互联服务、远程诊断服务等多种应用场景，为车辆乘客提供了丰富的娱乐内容和信息服务。同时，Wi-Fi 通信协议标准还支持车辆对外部环境的连接和通信，实现了车辆与云端服务器、车辆对基础设施通信等，为车辆的智能驾驶和智能交通提供了基础支持。

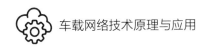

第六节　汽车对通信网络的要求

一、汽车通信网络的性能要求

（一）实时性要求

1. 实时数据传输需求

实时数据传输是汽车通信网络中的关键需求之一，对于保证车辆的安全性、可靠性和性能至关重要。汽车通信网络的性能要求主要包括带宽、延迟、可靠性和安全性等方面。

汽车通信网络需要具备足够的带宽来支持实时数据传输。实时数据传输涉及到车辆控制指令、传感器数据、视频流等信息的传输，这些数据量较大且需要及时传输和处理。汽车通信网络需要具备足够的带宽来满足实时数据传输的需求，以确保数据的及时性和准确性。

汽车通信网络需要具备低延迟来保证实时数据传输的响应速度。延迟是指数据从发送端到接收端所经历的时间，对于实时数据传输来说，延迟越低越好。汽车通信网络需要采用高速传输技术和优化的通信协议，以降低数据传输的延迟，确保车辆控制系统的及时响应和执行。

汽车通信网络需要具备高可靠性来保证数据传输的稳定性和连续性。车辆在行驶过程中可能面临各种复杂的环境和条件，如电磁干扰、温度变化和振动，这些因素可能对通信网络造成影响。汽车通信网络需要具备抗干扰能力和错误校正机制，以确保数据传输的可靠性和稳定性。

汽车通信网络需要具备高安全性来保护数据的机密性和完整性。车辆内部的数据传输涉及到车辆的控制和操作信息，如车速、转向、制动，这些信息对于车辆的安全性和驾驶员的隐私具有重要意义。汽车通信网络需要采用加密技术和安全认证机制，防止数据被恶意攻击和篡改，确保车辆的安全性和保密性。

2. 实时响应性能要求

汽车通信网络的性能要求中，实时响应性能尤为重要。汽车通信网络需要能够做出即时的响应，以满足车辆各种系统和设备对即时性数据传输和交换的需求。这种实时响应性能的要求在汽车行业中至关重要，对车辆的安全性、舒适性和效率有着直接的影响。

实时响应性能要求涉及到车辆各个系统之间的即时通信。例如，在车辆的驾驶辅助系统中，传感器需要实时向控制单元传输数据，控制单元则需要实时响应，以保证车辆能够及时作出正确的决策和动作。在车载娱乐系统中，音频和视频数据需要能够即时地从媒体源传输到车载终端，以保证乘客能够顺畅地享受娱乐内容。汽车通信网络需要具备高度的实时性，能够快速、稳定地传输和处理各种类型的数据，以满足车辆各个系统的即时通信需求。

实时响应性能要求还涉及车辆对外部环境的实时感知和响应。例如，在车辆的自动驾驶系统中，车辆需要能够即时地感知周围环境的变化，并作出相应的驾驶决策和动作，以确保行驶安全和路线规划的准确性。在车辆的智能交通系统中，车辆需要能够即时地接收来自基础设施的交通信息，并作出相应的路线调整和行驶策略，以提高交通效率、减少交通拥堵。汽车通信网络需要具备快速、可靠的数据传输和处理能力，能够实现车辆对外部环境的实时感知和响应。

实时响应性能要求还涉及车辆对驾驶员和乘客的实时交互和反馈。例如，在车辆的人机界面系统中，车辆需要能够即时地响应驾驶员和乘客的操作和指令，并提供相应的反馈和提示，以确保驾驶员和乘客能够方便地控制车辆和获取所需信息。类似地，在车辆的安全警告系统中，车辆需要

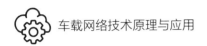

能够即时地向驾驶员发出警告和提示，以提醒驾驶员注意潜在的危险和安全问题。汽车通信网络需要具备灵敏的交互和反馈能力，能够实现车辆与驾驶员、乘客之间的实时交互和信息反馈。

（二）可靠性要求

汽车通信网络的性能要求中，可靠性是至关重要的方面。汽车作为运输工具，其通信网络必须保证稳定可靠的运行，以确保车辆的安全性、稳定性和可靠性。可靠性要求体现在多个方面，包括数据传输的稳定性、实时性、容错性、安全性等方面。

汽车通信网络必须具备稳定可靠的数据传输性能。这意味着数据在传输过程中不应出现丢失、损坏或错误，以确保数据的完整性和准确性。稳定的数据传输性能能够保证车辆内部各个系统之间的正常通信和数据交换，避免因通信故障导致车辆性能下降或功能失效。

汽车通信网络还需要具备实时性。实时性要求数据能够即时得到传输和处理，确保系统能够对实时变化做出即时响应。特别是在车辆的安全系统、驾驶辅助系统等关键领域，实时性尤为重要，即时准确的数据传输和处理能够提高车辆的安全性和稳定性。

汽车通信网络还需要具备良好的容错性。容错性要求系统能够在发生故障或异常情况下保持稳定运行，不会因单点故障或通信中断而导致整个系统的瘫痪。通过设计和实现容错机制，如数据冗余、故障恢复等，可以提高汽车通信网络的稳定性和可靠性，减少因系统故障而带来的影响。

汽车通信网络的性能要求还包括安全性方面。安全性要求保护通信数据不受未经授权的访问和篡改，保障通信过程中的数据安全和隐私。通过加密算法、身份验证、访问控制等安全机制，可以有效防止恶意攻击和数据泄露，提高汽车通信网络的安全性和稳定性。

二、汽车通信网络的功能要求

（一）多种数据类型支持

1. 实时传感器数据

汽车通信网络在面对实时传感器数据时，需要满足一系列功能要求以确保车辆的安全、性能和可靠性。实时传感器数据是车辆各个系统的重要数据输入来源，用于监测车辆状态、环境变化、驾驶行为等。

汽车通信网络在面对实时传感器数据时，需要具备高带宽、低延迟、多传感器数据处理、优先级管理、稳定可靠的通信连接、数据安全加密和隐私保护等功能要求。

2. 控制指令和状态信息

汽车通信网络的功能要求涵盖了控制指令和状态信息的传输、交换和处理。控制指令是用于控制车辆各个部件和系统操作的指令，而状态信息则是指车辆各个部件和系统当前的状态和参数信息。这些功能要求对于实现车辆的智能化、安全性和便捷性具有至关重要的作用。

汽车通信网络需要能够实现控制指令的传输和执行。这包括从驾驶员、车辆系统或外部设备接收控制指令，并将其传输到相应的车辆部件和系统执行。例如，驾驶员通过车载娱乐系统向空调系统发送调节温度的指令，汽车通信网络需要将该指令传输到空调系统，并确保空调系统按照指令调节温度。

汽车通信网络需要能够实现状态信息的采集、传输和显示。这包括从车辆各个部件和系统获取状态信息，如发动机转速、车速、车辆位置、油耗等，然后将这些信息传输到车载显示屏或外部设备进行显示和分析。状态信息的准确采集和即时传输对于驾驶员的行车安全和车辆性能的监控至关重要。

汽车通信网络还需要支持控制指令和状态信息的双向传输和交换。这意味着不仅能够从外部设备接收控制指令和状态信息，还能够将车辆的状态信息反馈给外部设备，以实现车辆与外部环境的信息交互和智能控制。例如，车辆通过车载传感器采集到的路况信息可以传输到导航系统，帮助驾驶员选择最佳的行车路线。

汽车通信网络需要保证控制指令和状态信息的安全性和可靠性。这包括采取加密和认证措施，防止非法访问和篡改，以及实现数据传输的稳定和高效，确保指令和信息的即时传输和执行。同时，汽车通信网络还需要具备容错能力，能够处理因网络故障或设备故障导致的通信中断或数据丢失，以保障车辆的安全和稳定运行。

（二）灵活性和扩展性要求

1. 支持不同类型的数据传输

汽车通信网络作为车辆内部各种系统和设备之间进行数据传输和通信的基础设施，需要具备支持不同类型数据传输的功能。对于这种功能主要包括多样性、可扩展性、优先级控制、灵活性等方面的要求。

汽车通信网络需要支持多样性的数据传输，包括实时数据传输、非实时数据传输和控制指令传输等。实时数据传输用于传输需要即时处理和响应的数据，如车辆控制指令和传感器数据等。而非实时数据传输用于传输对时效性要求不高的数据，如车载娱乐系统和车辆诊断系统等。控制指令传输则用于传输车辆各系统之间的控制指令和操作信息，如加速、转向、制动。

汽车通信网络需要具备可扩展性，能够支持不同类型数据传输的灵活扩展。随着车辆技术的不断发展和更新，新的数据传输需求可能会不断出现，因此汽车通信网络需要能够灵活适应不同类型数据传输的变化，以满足不同系统和设备的需求。

汽车通信网络需要具备优先级控制的功能，能够根据数据传输的重要性和紧急程度进行优先级排序和控制。对于实时数据传输和控制指令传输来说，其优先级通常较高，需要优先传输和处理，以确保车辆的安全性和性能。而对于非实时数据传输来说，其优先级相对较低，可以在系统负荷较轻时进行传输和处理。

汽车通信网络需要具备灵活性，能够根据不同应用场景和需求进行配置和调整。汽车通信网络可能涉及不同类型的传输介质、通信协议和拓扑结构，因此需要具备灵活性以适应不同的环境和条件。同时，汽车通信网络还需要能够支持多种连接方式和设备类型，以实现车辆内部各系统和设备之间的互联和通信。

2. 支持多种接口和协议

汽车通信网络必须具备支持多种接口和协议的功能要求，以满足不同系统和设备之间的互联互通需求。支持多种接口和协议意味着汽车通信网络需要具备灵活性和兼容性，能够同时适配各种通信接口和协议，实现车辆内部和车辆外部的各种数据交换和通信。

汽车通信网络需要支持多种物理接口，包括有线和无线接口。有线接口通常包括以太网、CAN、LIN 等，用于连接车辆内部各个系统和设备，实现数据传输和通信。无线接口则包括 Wi-Fi、蓝牙、LTE（长期演进）等，用于连接车辆与外部环境的通信，实现车载互联和智能交通。通过支持多种物理接口，汽车通信网络能够适应不同通信环境和需求，实现多种通信连接方式的灵活切换和应用。

汽车通信网络还需要支持多种通信协议，包括网络层、传输层和应用层协议。网络层协议通常包括 TCP/IP、UDP（用户数据报协议）、IPX（互联网络分组交换）等，用于实现数据包的路由和传输。传输层协议通常包括 TCP（传输控制协议）、UDP 等，用于实现端到端的数据传输和可靠性保证。应用层协议通常包括 HTTP（超文本传输协议）、FTP（文件传输协议）、MQTT（消息队列遥测传输）等，用于实现不同应用场景下的数据交换和通信。通过支持多种通信协议，汽车通信网络能够实现与不同厂商和设备的兼容性，提高系统的互操作性和通信的可靠性。

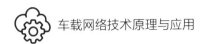

　　汽车通信网络还需要支持多种数据格式和编码方式。不同的系统和设备可能采用不同的数据格式和编码方式，如 JSON、XML、Protobuf。汽车通信网络需要能够实现对多种数据格式和编码方式的解析和转换，确保数据能够正确地被识别和处理，实现各个系统和设备之间的数据交换和通信。

　　汽车通信网络还需要支持多种通信模式和通信安全机制。通信模式通常包括广播式通信、多播式通信和单播式通信等，用于实现不同场景下的数据传输和通信。通信安全机制通常包括数据加密、身份认证、访问控制等，用于保护通信数据的安全性和隐私性。通过支持多种通信模式和通信安全机制，汽车通信网络能够保障数据传输的安全和稳定，防止数据泄露和恶意攻击，提高车辆通信网络的可靠性和安全性。

第四章 CAN 总线传输系统

第一节 CAN 总线系统的工作原理

一、CAN 总线的物理层工作原理

（一）传输介质

1. 两根绞线

CAN 总线作为一种常用的车载通信协议，其物理层采用了两根绞线作为传输介质。这两根绞线通过一系列工作原理来实现数据的传输和通信。

CAN 总线的物理层采用了差分信号传输方式。这意味着数据信号是以两个相对的信号线上的电压差来表示的，而不是以每个信号线上的绝对电压来表示的。这种差分信号传输方式能够有效地抵抗外部干扰和噪声，提高了数据传输的稳定性和可靠性。

CAN 总线的物理层采用了非返回式双绞线作为传输介质。这种双绞线由两根绞合在一起的绞线组成，其中一根是 CAN_H 线，另一根是 CAN_L 线。CAN_H 线和 CAN_L 线之间的绞合结构可以减少电磁干扰和串扰，提高了数据传输的抗干扰能力和可靠性。

CAN 总线的物理层还采用了差分信号调制技术。在数据传输过程中，数据信号会被编码成一系列高低电平的信号，通过 CAN_H 线和 CAN_L 线上的电压差来表示。这种差分信号调制技术能够有效地提高数据传输的抗干扰能力，确保数据传输的稳定性和可靠性。

CAN 总线的物理层还采用了仲裁机制来解决数据冲突问题。当两个或多个节点同时发送数据时，会发生数据冲突。CAN 总线通过检测 CAN_H 线和 CAN_L 线上的电压差来确定哪个节点具有更高的优先级，并允许该节点继续发送数据，而其他节点则暂停发送数据。这种仲裁机制能够有效地解决数据冲突问题，确保数据传输的顺利进行。

CAN 总线的物理层还采用了终端电阻来确保信号的稳定传输。在 CAN 总线的两端分别连接有终端电阻，用于消除信号的反射和保持信号的稳定性。终端电阻能够有效地提高 CAN 总线的信号完整性和传输质量，确保数据传输的稳定性和可靠性。

CAN 总线作为一种常用的车载通信协议，其物理层采用了两根绞线作为传输介质，并通过差分信号传输方式、非返回式双绞线、差分信号调制技术、仲裁机制、终端电阻等一系列工作原理来实现数据的传输和通信。这些工作原理相互配合，确保了 CAN 总线在车辆通信系统中的稳定可靠运行。

2. 差分信号传输

差分信号传输是一种常见的通信方式，用于在 CAN 总线等传输介质中传输数据。它利用两个相互反向的信号来表示数据，通过信号之间的差值来提高抗干扰能力和数据传输的可靠性。在 CAN 总线的物理层工作原理中，差分信号传输起着关键作用。

CAN 总线的物理层工作原理基于差分信号传输。CAN 总线通过双绞线等传输介质将数据帧从发送器传输到接收器。在传输过程中，CAN 总线采用了差分信号传输技术，即同时发送两个相位反向的信号，分别表示逻辑高和逻辑低。这种差分信号传输方式具有很强的抗干扰能力，可以有效地抵抗噪声和干扰信号的影响，保证数据的可靠传输。

差分信号传输的工作原理是利用两个信号的差值来表示数据。当发送器发送逻辑高时，一个信号保持高电平，另一个信号保持低电平；当发送器发送逻辑低时，两个信号的电平相反。接收器通过比较两个信号的差值来识别数据，如果两个信号之间的差值超过了设定的阈值，则被视为有效的数据信号，否则被视为噪声或干扰。

差分信号传输技术在 CAN 总线中具有多个优点。它具有较强的抗干扰能力，能够有效地抵御来自外部环境和其他设备的干扰信号。它能够提供较长的传输距离和较高的传输率，适用于车辆内部各个子系统之间的数据通信。差分信号传输还具有较低的功耗和成本，能够满足车辆电子系统对于高效、可靠通信的需求。

差分信号传输是 CAN 总线等传输介质中常用的一种物理层工作原理。它利用两个相位反向的信号来表示数据，具有很高的抗干扰能力和可靠性，适用于车辆内部各个子系统之间的数据传输。差分信号传输技术在汽车电子系统中发挥着重要作用，为车辆的智能化、安全性和性能提供了关键支持。

（二）电气特性

CAN 总线的物理层是 CAN 通信协议中的一个重要组成部分，负责实现数据在传输介质上的物理传输。CAN 总线的物理层工作原理涉及到信号编码、传输介质、传输速率等方面。

CAN 总线的物理层采用差分信号编码方式来进行数据传输。差分信号编码通过在两根信号线上传输相反的电压来表示逻辑数据值，其中一根线为 CAN_H（高电平线），另一根线为 CAN_L（低电平线）。当 CAN_H 线上的电压高于 CAN_L 线上的电压时，表示逻辑 1；反之，表示逻辑 0。这种差分信号编码方式能够有效地提高抗干扰能力，使 CAN 总线在恶劣的环境条件下仍能保持稳定的数据传输。

CAN 总线的物理层采用双绞线作为传输介质。双绞线是一种由两根绝缘的金属线绕在一起的传输线，其中一根用于传输 CAN_H 信号，另一根用于传输 CAN_L 信号。双绞线具有良好的抗干扰能力和传输性能，能够有效地减少外部电磁干扰对数据传输的影响，保证数据的可靠传输。

CAN 总线的物理层还需要根据具体的应用需求和系统要求来选择传输速率。CAN 总线支持多种不同的传输速率，包括低速 CAN（低至 10 kbit/s）、标准 CAN（最高可达 1 Mbit/s）、高速 CAN（最高可达 10 Mbit/s）等。不同的传输速率适用于不同的应用场景，低速 CAN 适用于对数据传输速率要求不高的应用，而高速 CAN 则适用于对数据传输速率要求较高的应用。

CAN 总线的物理层还涉及终端电阻和网络拓扑结构的配置。在 CAN 总线的两端需要设置终端电阻，以防止信号反射和数据传输错误。网络拓扑结构通常采用总线型或星型拓扑结构，其中总线型拓扑结构是最常见的，所有的节点都连接到同一条总线上，通过差分信号编码方式进行数据传输。

二、CAN 总线的数据链路层工作原理

（一）数据帧格式

1. 报文 ID

CAN 总线的数据链路层工作原理是保证数据在 CAN 总线上稳定传输的基础。在这一层，数据被分成多个数据帧，并通过唯一的报文 ID 来标识发送者和接收者之间的通信。以下是 CAN 总线数据链路层工作原理的详细解析。

CAN 总线的数据链路层工作原理基于两种类型的数据帧，即数据帧和远程帧。数据帧用于实际的数据传输，而远程帧用于请求数据而不是传输数据本身。数据帧包括数据字段、控制字段和 CRC 字段，而远程帧则包括远程帧标识符和控制字段。

CAN 总线的数据链路层工作原理依赖唯一的报文 ID 来标识每个数据

帧。报文 ID 是一个 11 位或 29 位的字段，用于区分不同的数据帧。报文 ID 中的高位用于标识发送者和接收者之间的通信通道，而低位用于标识具体的数据帧类型和数据内容。通过报文 ID，CAN 总线能够识别数据帧并将其路由到目标节点。

CAN 总线的数据链路层工作原理还包括帧的发送和接收机制。在发送数据帧时，节点首先检查总线空闲，然后将数据帧按照优先级发送到总线上。在接收数据帧时，节点通过检查报文 ID 来判断是否为自己需要的数据帧，如果是，则接收并处理数据帧，否则将其丢弃。这种发送和接收机制确保了数据在 CAN 总线上的有效传输并得到正确处理。

CAN 总线的数据链路层工作原理还包括错误检测和恢复机制。在数据传输过程中，节点会定期发送错误检测和错误重传信号，以检测和纠正可能出现的数据传输错误。如果发现数据帧出现错误，节点就会发送错误信号并要求重新发送数据帧，直到数据传输成功为止。这种错误检测和恢复机制能够提高数据传输的可靠性和稳定性。

CAN 总线的数据链路层工作原理还涉及总线上的帧的优先级管理。CAN 总线采用了基于标识符的非抢占式访问机制，通过比较数据帧的报文 ID 来确定优先级。具有较低报文 ID 的数据帧具有较高的优先级，优先被发送到总线上。这种优先级管理机制能够确保高优先级数据帧的及时传输，提高了系统的实时性和响应速度。

2. 控制位

CAN 总线的数据链路层工作原理是确保数据在 CAN 总线上可靠传输的关键。数据链路层负责管理数据的传输和接收，并处理可能出现的错误。其中，控制位在数据链路层中起着重要作用，用于标识数据帧的类型和状态，以及实现数据的同步和错误检测。

控制位通常包括起始位、帧类型位、数据位、CRC 校验位、结束位等。起始位用于标识数据帧的开始，告知接收方数据的传输即将开始。帧类型位用于指示数据帧的类型，包括数据帧和远程帧两种类型。数据位包含实

际的数据信息，传输的内容由发送方决定。CRC 校验位用于检测数据传输过程中是否发生了错误，以保证数据的完整性。结束位用于标识数据帧的结束，告知接收方数据的传输已经完成。

在 CAN 总线的数据链路层中，数据的传输是通过差分信号来实现的。差分信号传输是一种常用于抵抗干扰和提高抗噪性能的技术。它利用了两个相对信号线之间的电压差来传输数据。

差分信号传输具有许多优点，包括抗干扰能力强、传输距离远、数据可靠性高等。由于 CAN 总线通常应用于汽车等工业环境中，这些优点使得差分信号传输成为一种理想的选择。通过使用差分信号传输技术，CAN 总线能够有效地抵御来自引擎和其他电子设备的电磁干扰，保证数据的可靠传输。

（二）帧类型

1. 数据帧

CAN 总线的数据链路层是 CAN 通信协议的关键组成部分，负责在物理层的基础上实现数据的传输和管理。数据链路层的工作原理涉及数据帧的组成、帧的发送和接收、错误检测和恢复等方面。

数据链路层具有实现数据帧的组成和格式化的功能。CAN 总线的数据帧由多个字段组成，包括起始位、帧类型、帧标识符、控制字段、数据字段、校验字段等。起始位用于标识帧的开始，帧类型字段用于区分数据帧和远程帧，帧标识符用于标识帧的唯一性，控制字段用于控制帧的传输和接收，数据字段用于存储实际数据信息，校验字段用于检测数据传输过程中是否出现错误。

数据链路层具有发送、传输和接收数据帧的功能。在数据发送过程中，发送节点首先将待发送的数据帧装载到发送缓冲区中，然后根据帧的优先级和总线空闲情况选择合适的发送时机，将数据帧发送到总线上。在数据接收过程中，接收节点监听总线上的数据帧，通过检测帧的起始位和帧标识符来识别自己感兴趣的数据帧，并将数据帧从总线上传输至接收缓冲区中进行处理。

数据链路层还负责实现错误检测和恢复机制，以保证数据传输的可靠性。在数据传输过程中，可能会发生各种错误，如位错误、帧错误、冲突错误等。数据链路层通过在数据帧中添加循环冗余校验（CRC）字段来检测数据在传输过程中是否发生错误，当接收节点检测到数据帧中的 CRC 错误时，会丢弃该帧并发送错误帧重传请求，从而实现数据传输的错误检测和恢复。

数据链路层还负责实现帧的优先级控制和流量控制机制，以确保不同类型数据的传输顺序和优先级。CAN 总线中采用基于标识符的优先级机制来控制帧的发送顺序，具有较低标识符的帧具有较高的发送优先级，从而保证重要数据的及时传输。

2. 远程帧

远程帧是 CAN 总线数据链路层中的重要组成部分，其工作原理对于实现数据传输和通信具有关键意义。远程帧的功能在于请求特定的数据而不是传输数据本身，其作用类似于一个查询命令，用于获取其他节点发送的数据。以下是对远程帧工作原理的详细解析。

远程帧与普通的数据帧相比，具有特定的帧格式和报文结构。远程帧包含了远程帧标识符和控制字段，其中远程帧标识符用于唯一标识远程帧，而控制字段用于指示该帧为远程帧。远程帧的报文结构经过精心设计，使得它能够在 CAN 总线上与数据帧相互配合，完成数据请求和传输的工作。

远程帧的工作原理是通过向目标节点发送远程帧来请求特定的数据。当一个节点需要获取其他节点发送的数据时，它会构造一个远程帧，并填入目标节点的标识符信息和请求数据的相关参数。该远程帧被发送到 CAN 总线上，通过总线传输到目标节点。目标节点接收到远程帧后，会根据远程帧的标识符信息和请求参数，准备相应的数据，并在数据帧中发送回请求节点。

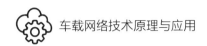

远程帧的发送和接收过程需要遵循严格的协议和规则。发送节点在发送远程帧之前，需要确保 CAN 总线上处于空闲状态，以避免发生冲突。接收节点在接收到远程帧后，会根据远程帧的标识符信息和请求参数，进行相应的数据准备和发送操作。通过遵循这些协议和规则，远程帧能够在 CAN 总线上顺利地完成数据请求和传输的过程。

远程帧的工作原理还包括错误处理和重传机制。如果发送节点发送的远程帧出现错误，或者接收节点无法正确响应远程帧请求，那么发送节点会根据错误检测和重传机制进行相应的处理，例如，重新发送远程帧或发送错误信号。这种错误处理和重传机制能够提高远程帧在 CAN 总线上的可靠性和稳定性。

远程帧的工作原理还涉及优先级管理和冲突解决机制。在 CAN 总线上，远程帧具有与数据帧相同的优先级和冲突解决规则，通过比较远程帧的标识符来确定优先级和冲突解决顺序。这种优先级管理和冲突解决机制能够确保远程帧在 CAN 总线上的及时传输和正确处理。

第二节　CAN 总线系统元件功能和数据传输过程

一、CAN 总线系统元件功能

（一）CAN 控制器

1. 发送数据

CAN 控制器是用于实现 CAN 总线通信的关键组件之一。它是一种集成电路，负责管理和控制 CAN 总线上的数据传输和通信。CAN 控制器扮演着数据发送、接收、错误检测、处理等重要角色，其工作原理对于确保 CAN 总线的稳定运行至关重要。

CAN 控制器负责将数据发送到 CAN 总线。当一个节点需要发送数据时，CAN 控制器将待发送的数据编码成 CAN 帧，并在适当的时间将其发送到总线上。CAN 控制器负责管理数据帧的优先级，确保高优先级数据帧能够及时发送，以满足车辆系统的实时性需求。通过灵活的数据发送机制，CAN 控制器能够有效地将数据传输到目标节点，实现车辆内部各个系统之间的通信。

CAN 控制器还负责接收来自 CAN 总线的数据。当一个节点接收到 CAN 总线上的数据帧时，CAN 控制器将其解码并传递给相应的节点进行处理。CAN 控制器能够识别数据帧的报文 ID，并根据报文 ID 将数据帧路由到正确的目标节点，确保数据能够被正确接收和处理。通过及时准确地接收数据，CAN 控制器能够确保车辆系统能够及时获取所需的信息，提高系统的实时性和响应速度。

CAN 控制器还负责实现错误检测和处理机制。在数据传输过程中，由于噪声、干扰或其他原因可能会导致数据传输错误。CAN 控制器能够及时检测到错误，并采取相应的措施进行处理。例如，当发现数据传输错误时，CAN 控制器会发送错误信号并要求重新发送数据帧，直到数据传输成功为止。通过可靠的错误检测和处理机制，CAN 控制器能够确保数据传输的稳定性和可靠性。

CAN 控制器还负责管理和维护 CAN 总线的状态和协议。CAN 控制器能够监控总线上的通信状态，确保总线的稳定运行。CAN 控制器还能够根据需要调整总线的通信速率和参数，以适应不同的通信环境和需求。通过有效地管理和维护 CAN 总线的状态和协议，CAN 控制器能够确保总线的正常工作和高效运行。

2. 接收数据

CAN 控制器是 CAN 总线系统中的核心组件之一，负责接收和处理 CAN 总线上的数据帧。它是一个特定的硬件或集成电路，用于管理 CAN 总线上的通信，以确保数据的正确传输和处理。CAN 控制器的主要功能包括接收

数据、发送数据、数据过滤和错误处理。

在接收数据方面，CAN 控制器通过接收 CAN 总线上的数据帧来获取信息。当 CAN 总线上的节点发送数据帧时，CAN 控制器会监听总线并识别地址匹配的数据帧。一旦识别到符合条件的数据帧，CAN 控制器将其接收，并将数据提供给连接到控制器的微处理器或其他设备进行进一步处理。

为了保证数据的正确接收，CAN 控制器采用了严格的数据校验机制。它首先检查接收到的数据帧的帧起始位和帧类型位，以确定数据帧的类型和状态。CAN 控制器会对数据位进行 CRC 校验，以检测数据传输过程中是否发生了错误。如果数据帧通过了校验，CAN 控制器将其视为有效数据，并将其提供给上层应用程序进行处理。

在发送数据方面。它可以接收来自上层应用程序或其他外部设备的数据，并将其封装成 CAN 数据帧发送到总线上。在发送数据时，CAN 控制器会根据 CAN 协议的规定选择合适的发送优先级，并确保数据的即时传输。这使得 CAN 控制器能够实现实时性要求较高的数据通信。

在数据过滤和错误处理方面。它可以根据预先设定的过滤器设置来过滤接收到的数据帧，只接收感兴趣的数据。这有助于减轻上层应用程序的负担，并提高系统的效率。同时，当 CAN 总线上出现错误时，如位错误、帧错误或 CRC 错误，CAN 控制器会及时检测并进行相应的错误处理，以确保数据的可靠性和系统的稳定性。

（二）CAN 收发器

1. 物理层信号转换

CAN 收发器是一种用于连接 CAN 控制器和 CAN 总线的重要组件，其主要功能是将 CAN 控制器产生的数字信号转换成符合 CAN 总线物理层标准的电信号，并将 CAN 总线上接收到的电信号转换成可供 CAN 控制器处理的数字信号。

CAN 收发器的工作原理涉及信号转换、电气特性匹配、抗干扰能力等方面。CAN 收发器通过将 CAN 控制器产生的数字信号转换成符合 CAN 总线物理层标准的差分电压信号。这种差分电压信号通过 CAN 总线上的双绞线进行传输，具有良好的抗干扰能力和传输性能，能够保证数据的可靠传输。

CAN 收发器需要与 CAN 总线上的其他设备匹配，并满足 CAN 总线物理层的电气特性要求。CAN 总线的电气特性涉及总线电压、传输速率、终端电阻、电流驱动能力等方面。CAN 收发器通过调整发送和接收电路的参数，确保其与 CAN 总线上的其他设备匹配，并满足 CAN 总线的电气特性要求，以保证数据传输的稳定性和可靠性。

CAN 收发器还需要具备良好的抗干扰能力，能够抵御来自外部环境的电磁干扰和噪声干扰。汽车工作环境中常常存在各种电磁干扰源，如发动机、点火系统和电动机等，这些干扰源可能对 CAN 总线的数据传输产生影响。CAN 收发器需要具备良好的抗干扰能力，以保证数据传输的稳定性和可靠性。

CAN 收发器还需要支持灵活的工作模式和接口标准，以适应不同的应用场景和系统需求。CAN 收发器需要支持不同接口标准，并能够在不同的工作模式下进行切换，以满足不同应用环境下的数据传输需求。

2. 电气特性匹配

CAN 收发器在车辆通信系统中起着至关重要的作用，它们负责将控制器上的数字信号转换为适合在 CAN 总线上传输的模拟信号，并将总线上的模拟信号转换为数字信号供控制器使用。电气特性匹配是确保 CAN 收发器在通信过程中能够有效地工作的关键因素之一。

CAN 收发器需要与 CAN 总线的电气特性匹配。CAN 总线采用了差分信号的传输方式，因此，CAN 收发器需要能够准确地发送和接收差分信号。它们必须能够适应 CAN 总线的信号电平范围较小、传播速度较快、抗干扰能力强等电气特性，以确保稳定可靠的数据传输。

CAN 收发器需要与控制器之间的电气特性匹配。控制器通常输出或接

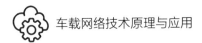

收数字信号，而 CAN 收发器需要将这些数字信号转换为模拟信号，并通过 CAN 总线进行传输。CAN 收发器需要能够适应控制器的输出电平和电流要求，并且需要具备一定的噪声抑制能力，以确保信号的准确传输和可靠接收。

CAN 收发器还需要考虑与其他外部设备之间的电气特性匹配。在车辆通信系统中，CAN 收发器通常与其他传感器、执行器或外部设备连接，因此它们的电气特性也需要与这些设备相匹配。需要考虑到设备的电压、电流、阻抗等方面的要求，以确保设备之间的稳定可靠的通信。

CAN 收发器的抗干扰能力也是电气特性匹配的重要考虑因素。在车辆环境中，可能存在各种干扰源，如电磁干扰、射频干扰等。CAN 收发器需要具备良好的抗干扰能力，能够有效地过滤掉外部干扰信号，确保数据传输的稳定性和可靠性。

CAN 收发器的功耗和热管理也需要考虑到电气特性匹配的因素。在车辆通信系统中，功耗和热管理是至关重要的，因为它们直接影响到系统的稳定性和可靠性。CAN 收发器需要具备低功耗设计和有效的热管理机制，以确保在长时间的运行中能够保持稳定的性能。

二、CAN 总线数据传输过程

（一）数据发送过程

1. 控制器准备数据帧

在 CAN 总线数据传输过程中，控制器准备数据帧是关键步骤之一。数据帧是在 CAN 总线上传输的基本数据单元，它包含了要传输的信息和必要的控制信息。以下是控制器准备数据帧和 CAN 总线数据传输过程的详细描述。

当一个节点准备发送数据时，控制器首先将待发送的数据分解成适当的数据帧。数据帧通常包括数据字段、控制字段、CRC 字段等信息。数据字段包含了要传输的实际数据，控制字段包含了数据帧的控制信息，如报文 ID 和数据帧类型等，而 CRC 字段用于检测数据帧的传输错误。

控制器为数据帧分配唯一的报文 ID。报文 ID 是一个标识符，用于区分不同的数据帧并确定数据的发送者和接收者。每个数据帧都有唯一的报文 ID，通过报文 ID，CAN 总线能够识别并将数据帧路由到目标节点，确保数据能够被正确接收和处理。

控制器将数据帧发送到 CAN 总线上。在发送数据帧之前，控制器首先检查总线的空闲状态，以确保没有其他节点正在发送数据。控制器按照优先级将数据帧发送到总线上，并等待总线上的确认信号。一旦数据帧被成功发送到总线上，控制器就可以继续执行其他任务。

同时，其他节点接收到发送的数据帧后，会进行解码和处理。节点首先检查数据帧的报文 ID，以确定是否为自己所需的数据。如果是，则节点接收并处理数据帧，如果不是，则节点将丢弃此数据帧并等待下一个数据帧的到来。通过这种方式，CAN 总线实现了数据的准确传输和目标节点的正确接收。

控制器还负责监控数据传输过程中的错误和异常情况。如果在数据传输过程中发生了错误，如数据丢失或损坏，控制器会发送错误信号，并要求重新发送数据帧。这种错误检测和处理机制能够保证数据传输的稳定性和可靠性，提高了系统的性能和可靠性。

当数据传输完成后，控制器可以进行后续的操作，如准备下一个数据帧、更新系统状态。通过有效地管理和控制数据帧的发送和接收过程，控制器能够确保 CAN 总线的稳定运行和高效通信，为车辆内部各个系统之间的数据交换提供了可靠的基础支持。

2. 数据帧发送

CAN 总线数据传输过程是一种高效可靠的通信方式，适用于车辆电子系统中的数据交换。在 CAN 总线数据传输过程中，数据被封装成数据帧，并通过 CAN 总线进行传输。这一过程涉及数据帧的发送、传输、接收、处理等多个环节，以确保数据的即时性和可靠性。

数据帧的发送是 CAN 总线数据传输过程的第一步。发送方将要传输的数据封装成数据帧，并发送到 CAN 总线上。数据帧通常由标识符、控制位、数据位、校验位等组成。标识符用于唯一标识数据帧的类型和发送者，控制位用于标识数据帧的类型和状态，数据位包含实际的数据信息，校验位用于检测数据传输过程中是否发生了错误。

数据帧在 CAN 总线上进行传输。CAN 总线采用了差分信号传输技术，通过两根相对的信号线（CAN_H 线和 CAN_L 线）进行数据的传输。发送方将数据帧转换成差分信号，并在 CAN_H 线和 CAN_L 线上进行传输。接收方通过比较两根线上的电压差来识别传输的数据。差分信号传输技术具有抗干扰能力强、传输距离远、数据可靠性高等优点，适用于车辆电子系统中的数据传输。

数据帧被接收方接收和处理。接收方监听 CAN 总线，识别和接收符合条件的数据帧。接收方首先检查数据帧的帧类型和标识符，以确定数据帧的类型和来源。接收方对数据位进行 CRC 校验，检测数据传输过程中是否发生了错误。如果数据帧通过了校验，接收方会将其视为有效数据，并将其提供给上层应用程序进行进一步处理。

接收方发送应答帧。在接收到数据帧并处理完毕后，接收方可能会发送应答帧作为响应。应答帧通常包含有关数据接收和处理情况的信息，如数据接收成功、数据处理完成等。发送方可以根据接收到的应答帧进行相应的处理，如继续发送数据、更新数据状态等。

（二）数据接收过程

1. 接收数据帧

CAN 总线的数据传输过程中，接收数据帧是一个关键步骤。在这个过程中，CAN 控制器负责监听 CAN 总线上的数据帧，并进行识别、解析和处理，以确保数据的准确性和可靠性。

当 CAN 控制器处于接收模式时，它会持续地监测 CAN 总线上的数据帧。CAN 总线上的数据帧是由各个节点发送的，每个数据帧都包含唯一的帧标识符（ID）及数据信息。当 CAN 控制器检测到总线上有数据帧传输时，它会开始接收数据帧，并准备进行后续处理。

CAN 控制器会对接收到的数据帧进行识别和解析。每个数据帧都有唯一的帧标识符，用于区分不同类型的数据帧。CAN 控制器会比对接收到的数据帧的帧标识符与自身设定的过滤条件，只接收与自身相关的数据帧，而忽略其他节点发送的数据帧。这样可以有效地减小 CAN 控制器的工作负载，提高数据处理的效率。

CAN 控制器会对接收到的数据帧进行错误检测和校正。在数据传输过程中，可能会受到各种干扰和噪声的影响，导致数据传输错误。CAN 控制器会对接收到的数据帧进行 CRC 校验，以检测数据是否存在错误。如果接收到的数据帧通过 CRC 校验，则认为数据传输正确；否则，认为数据传输错误，需要进行相应的错误处理。

在确认接收到正确的数据帧后，CAN 控制器会将数据帧的数据信息提取出来，并存储到接收缓冲区中，以便上层系统进行进一步的处理和分析。这些数据信息可能包括车辆传感器数据、控制指令等各种信息，用于车辆系统的运行和控制。

如果接收到的数据帧是远程帧，即仅用于请求数据而不包含实际数据信息的帧，CAN 控制器会向发送节点发送相应的数据帧作为响应。这样，发送节点就能够根据接收到的响应数据帧进行进一步的数据处理。

2. 数据解析与处理

CAN 总线数据传输过程中，数据解析与处理是至关重要的一步。这个过程涉及对接收到的原始数据的解析、转换和处理，以及对数据的验证和分析，以确保数据的准确性和可靠性。

数据解析过程通常由 CAN 控制器中的解析器或者特定的软件模块来完成。解析器会对接收到的 CAN 数据帧进行解析，根据预先设定的规则和格式，将原始的二进制数据转换成可读的格式。这个过程包括将数据字段中

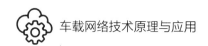

的二进制编码转换成实际数值或文本，以及识别出数据帧中各个部分的含义和对应关系。

数据处理包括对解析后的数据进行进一步的处理和分析。这可能涉及数据的筛选、过滤、聚合、计算、存储等操作，以满足具体的应用需求。例如，对传感器数据进行滤波和平滑处理，以消除噪声和波动；或对不同传感器数据进行关联分析，以获取更全面的车辆状态信息。

接下来，对解析和处理后的数据进行验证和校验，以确保数据的准确性和完整性。这包括对数据进行逻辑检查、范围检查、数据类型检查等，以及对数据帧的 CRC 校验。如果数据不符合预期的规则或者存在错误，则需要进行相应的错误处理，例如，重新请求数据或者发出警告信号。

将处理好的数据传递给上层系统或者其他模块进行进一步的应用。这可能涉及将数据发送给车辆控制单元、显示在车辆仪表盘上、记录在车辆日志文件中，或者通过车辆网络传输给其他系统进行联动控制和协同操作。

数据解析与处理是 CAN 总线数据传输过程中的重要环节，涉及到对接收到的原始数据进行解析、转换和处理，以及对处理后的数据进行验证和校验。通过这个过程，可以实现对车辆内部各种传感器数据和控制指令的有效利用，为车辆的智能化和自动化提供重要支持。

第三节　CAN 总线系统的应用

一、CAN 总线在汽车领域的应用

（一）发动机控制系统

1. 发动机参数监测与调节

CAN 总线在汽车领域广泛应用于发动机参数监测与调节。发动机是汽车的核心组件之一，其性能直接影响到车辆的运行和驾驶体验。通过 CAN 总线，可以实现对发动机参数的实时监测和调节，提高发动机的效率、性能和可靠性。

CAN 总线在发动机参数监测方面发挥了重要作用。通过连接到发动机控制单元的 CAN 总线，车辆可以实时监测发动机的各种参数，如转速、温度、压力。这些参数的监测可以帮助车辆系统及时发现发动机运行中的异常情况，如过热、过载等，从而及时采取措施，避免发动机损坏或故障。

CAN 总线在发动机参数调节方面也起到了关键作用。通过 CAN 总线连接的传感器和执行器，可以实现对发动机参数的精确调节和控制。例如，通过调节燃油喷射量、气门开闭时间等参数，可以优化发动机的燃烧效率，提高燃油利用率和动力输出。还可以通过调节发动机控制单元的工作模式和策略，实现对发动机性能的动态调节，适应不同驾驶条件和工况要求。

CAN 总线还支持发动机参数的远程监测和调节。借助车辆的远程诊断系统和云连接，可以实现对车辆发动机参数的远程监测和远程诊断。这使得车辆制造商和服务提供商能够远程监控车辆的健康状态，及时发现并解决潜在的问题，提高车辆的可靠性和维护效率。

CAN 总线还为发动机参数监测与调节提供了高效的数据通信平台。由于 CAN 总线具有高带宽、低延迟、抗干扰能力强等特点，能够实现稳定可靠的数据传输，确保发动机参数的实时监测和调节。同时，CAN 总线的分布式架构和多节点连接能力，使得多个系统和模块可以同时访问和共享发动机参数，实现系统间的紧密协作和数据共享。

2. 燃油喷射系统控制

燃油喷射系统控制是 CAN 总线的一个关键应用领域，而 CAN 总线在其中扮演着重要的角色。燃油喷射系统控制是指控制发动机燃油喷射量和喷射时机，以实现燃油的高效燃烧和发动机的性能优化。CAN 总线作为一种现代汽车通信网络技术，被广泛应用于燃油喷射系统控制中，实现了车

辆各个部件之间的高效通信和协同工作。

在燃油喷射系统中，各个部件需要相互协调才能实现燃油的精确喷射和控制。CAN 总线作为一种高速、可靠的通信网络，为燃油喷射系统提供了理想的通信平台。通过 CAN 总线，发动机控制单元、燃油喷射器、氧传感器、节气门位置传感器等部件之间可以实现实时数据的交换和共享。发动机控制单元可以从传感器获取发动机转速、氧气浓度、节气门位置等数据，然后计算出最佳的燃油喷射量和喷射时机，并通过 CAN 总线将控制指令发送给燃油喷射器。燃油喷射器根据接收到的指令，精确控制燃油的喷射量和喷射时机，以实现发动机的高效率和性能输出。

CAN 总线的应用为燃油喷射系统带来了许多优势。它提供了高速的数据传输通道，确保了实时数据的快速传输和处理，有利于实现发动机的精确控制和优化。CAN 总线支持多点连接和多节点通信，可以同时连接多个控制单元和传感器，实现了燃油喷射系统的模块化设计和灵活扩展。CAN 总线具有较强的抗干扰能力和较高的可靠性，能够在恶劣的工作环境下稳定运行，保证燃油喷射系统的稳定性和可靠性。

除了燃油喷射系统控制外，CAN 总线在汽车领域还有许多其他应用。例如，车载娱乐系统、车身控制系统、制动系统、空调系统等都可以通过 CAN 总线实现各个部件之间的通信和协同工作，提高了汽车的智能化和舒适性。CAN 总线作为一种先进的汽车通信网络技术，在燃油喷射系统控制和其他汽车应用中发挥着不可替代的作用，为汽车行业的发展和进步提供了重要支持。

（二）底盘控制系统

CAN 总线还在底盘控制系统中有所应用底盘控制系统通过 CAN 总线与其他汽车系统进行数据交换和通信，实现了各个底盘部件之间的协调工作。例如，通过 CAN 总线连接底盘控制单元、防抱死系统、电子稳定控制系统和电动助力转向系统等，实现对车辆行驶过程中的转向、制动、悬挂和车身稳定等方面的控制和调节。这样一来，底盘控制系统可以更加精准地感知车辆的动态状态，并及时采取相应的措施，提高了车辆的稳定性、安全性和舒适性。

CAN 总线在底盘控制系统中的应用使得车辆的系统集成和功能扩展更加灵活和便捷。通过 CAN 总线，不同厂商生产的底盘控制单元和传感器可以实现互联互通，无需进行繁琐的接线和通信协议的转换。这为汽车制造商提供了更大的设计自由度，可以根据实际需求选择合适的底盘控制系统组件，实现功能的灵活配置和扩展。

CAN 总线还为底盘控制系统的诊断和维护提供了便利。底盘控制系统通过 CAN 总线实时地传输各种传感器和执行器的数据信息，包括转向角、车速、制动压力等。这些数据可以被诊断工具实时监测和分析，帮助技师快速定位故障并进行维修，提高了维修效率和精准度。

CAN 总线的应用还为底盘控制系统的未来发展提供了基础和可能性。随着汽车技术的不断发展，底盘控制系统将会越来越智能化和自动化。CAN 总线作为一种灵活可靠的通信协议，能够满足未来底盘控制系统对数据传输和通信的高要求，为汽车的智能驾驶和智能底盘控制奠定了坚实的基础。

CAN 总线在底盘控制系统中的应用极大地提升了汽车的性能、安全性和可靠性，为汽车行业的发展和创新注入了新的动力和活力。随着汽车技术的不断进步，CAN 总线在底盘控制系统中的作用将会越来越重要，为未来智能汽车的实现和发展打下坚实基础。

二、CAN 总线在其他领域的应用

（一）车身电子系统

车门控制与报警系统作为现代汽车电子系统的关键组成部分之一，其功能的实现离不开 CAN 总线技术的支持。CAN（Controller Area Network）

总线是一种专门用于车辆内部通信的串行通信协议，它通过车辆内部的网络连接各种电子控制单元，实现了车辆各个系统之间的数据传输和通信。在车门控制与报警系统中，CAN总线扮演着连接各个部件和传感器的桥梁，实现了系统的高效协同工作。

CAN总线技术为车门控制系统提供了可靠的数据传输通道。在传统的车辆电子系统中，每个部件之间通常需要通过独立的电线进行连接，而CAN总线技术通过统一的数据通信协议，将各个部件连接成一个整体，大大简化了系统的布线结构，降低了系统的复杂度。这种统一的通信方式不仅提高了系统的可靠性和稳定性，也降低了系统的成本和维护工作量，为车门控制系统的实现奠定了良好的基础。

CAN总线技术为车门控制系统提供了高效的实时数据传输能力。在车门控制系统中，各个部件之间需要进行频繁的数据交换和信息传递，如车门状态的监测、锁定指令的下发等。CAN总线采用了高速的数据传输方式和先进的通信协议，可以实现毫秒级的数据传输延迟，确保了系统的实时性和响应速度。这种高效的数据传输能力为车门控制系统的安全性和可靠性提供了强有力的支持，保障了驾驶者和乘客的行车安全。

CAN总线技术还为车门控制系统提供了灵活的网络拓扑结构和扩展性。在现代汽车中，车门控制系统通常包括多个部件和传感器，如车门锁、车窗控制、安全气囊等。CAN总线技术可以灵活地配置网络拓扑结构，实现各个部件之间的直接连接或分布式连接，同时支持网络的扩展和升级，方便了系统的功能扩展和升级。这种灵活的网络结构和扩展性为汽车制造商提供了更多的设计空间，满足了不同车型和用户需求的定制化要求。

尽管CAN总线技术在车门控制系统中具有诸多优势，但也存在一些潜在的安全隐患和技术挑战。首先是网络安全问题，由于CAN总线采用了共享总线结构和广播通信方式，一些恶意攻击者可能通过网络攻击手段入侵车辆的CAN总线，篡改数据或操控车辆，从而造成严重的安全事故。其次是系统的稳定性问题，一些技术故障或设备损坏可能导致 CAN 总线通信中断或异常，影响车辆的正常运行。

为了解决这些问题，汽车制造商和技术企业正在不断提高 CAN 总线技术的安全性和稳定性。他们采用了更加严密的加密算法和安全协议，加强对车辆网络的监控和防护；同时，他们也加强了 CAN 总线通信的诊断和检测功能，及时发现并修复潜在的故障和安全隐患。对车主进行安全教育和技术培训也是保障车辆安全的重要举措，了解 CAN 总线技术的工作原理和常见故障处理方法，有助于车主提高对车辆网络的管理和保养水平。

CAN 总线技术作为车门控制与报警系统的关键支撑技术，在实现数据传输、保障系统安全和提升系统稳定性方面发挥着重要作用。随着汽车电子技术的不断发展和普及，我们相信 CAN 总线技术将会在未来发挥越来越重要的作用，为汽车行业带来更多的创新和发展机遇。

（二）高级驾驶辅助系统

1. 自适应巡航控制

CAN 总线对自适应巡航的控制在各个领域的应用广泛而深远。CAN 总线技术在汽车行业中首先被引入，自适应巡航控制技术作为其中的重要应用之一，旨在提高车辆行驶的安全性和舒适性。CAN 总线自适应巡航控制技术的应用已经不局限于汽车领域，而是涉及了更多的领域，如工业控制、航空航天、医疗设备等。

在工业控制领域，CAN 总线的应用已成为自动化系统中的核心部分。工厂生产线上的各种设备和机器可以通过 CAN 总线进行通信和控制，实现生产过程的智能化和自动化管理。自适应巡航控制技术可以应用于工业机器人系统，实现机器人之间的自适应协作，提高生产效率和质量。

航空航天领域也是 CAN 总线的重要应用领域之一。在飞行器和航天器中，各种传感器、控制器、执行器等设备需要进行高效可靠的数据交换和

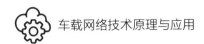

控制。CAN 总线作为一种可靠的通信协议，被广泛应用于航空航天系统中，包括飞行控制系统、舱内设备控制等方面。自适应巡航控制技术在航空领域可以实现飞行器之间的自适应飞行，提高飞行安全性和效率。

在医疗设备领域，CAN 总线的应用也日益普及。医疗设备通常包括多个子系统，如监护系统、诊断系统、治疗系统等，这些子系统需要进行数据交换和协同工作。CAN 总线作为一种实时性强、可靠性高的通信协议，可以满足医疗设备对数据交换和控制的需求。ACC 技术在医疗设备中可以实现设备之间的自适应调节，提高医疗治疗的精准度和效果。

2. 车道保持辅助

CAN 总线的车道保持辅助技术已经在许多领域得到了广泛应用。CAN 总线是一种可靠的通信协议，它提供了实时数据传输和控制的能力，因此在各种工业和汽车中得到了广泛应用。

第四节　CAN 总线系统的检测

一、CAN 总线系统的硬件检测

（一）电气特性检测

1. 差分信号电压检测

差分信号电压检测在 CAN 总线系统的硬件检测方面至关重要。CAN 总线作为现代汽车和工业控制系统中的关键通信架构，其稳定性和可靠性直接影响着系统的性能和安全性。在这样的背景下，对 CAN 总线系统进行硬件检测是确保系统正常运行的重要一环。

差分信号电压检测通过检测 CAN 总线上的电压差异来确定信号的状态。这种检测方法能够有效地区分正常信号和异常信号，从而及时发现潜在的故障或干扰。

差分信号电压检测需要精准的硬件设计和实施。硬件设计要考虑到信号的幅度范围、噪声水平、通信速率等因素，以确保检测的准确性和稳定性。差分信号电压检测电路的布局和接地也是至关重要的，它们直接影响到信号的质量和稳定性。

差分信号电压检测在 CAN 总线系统中的应用需要与其他检测手段相结合，形成完整的故障检测系统。例如，可以结合电压比较器、故障诊断电路等模块，实现对 CAN 总线系统的全面监测和管理。

2. 电气阻抗匹配检测

电气阻抗匹配检测是 CAN 总线系统硬件检测中的重要环节。CAN 总线系统作为现代汽车等领域的关键通信技术，其可靠性和稳定性对于系统的正常运行至关重要。电气阻抗匹配检测旨在确保硬件与 CAN 总线系统中各个节点的电气特性相匹配，以提高系统的可靠性和抗干扰能力。

电气阻抗匹配检测涉及对 CAN 总线系统中各个节点的电气特性进行精准测量和比较。检测系统需要能够准确地测量每个节点的电气阻抗。通过使用合适的测试仪器和技术，可以实现对 CAN 总线系统中每个节点的电气特性进行全面、准确的检测。

在进行电气阻抗匹配检测时，需要考虑到 CAN 总线系统中的各种因素对电气特性的影响，包括线缆的质量、长度、连接器的质量、节点电路的设计等因素。通过对这些因素的综合考虑，可以更好地评估硬件与整个 CAN 总线系统的电气特性是否匹配。

电气阻抗匹配检测的关键在于对测量数据的分析和比较。通过对各个节点的电气特性数据进行对比分析，可以发现其中的差异和不匹配之处。进一步地，可以针对性地调整和优化系统中的各个节点，以达到电气阻抗匹配的要求。

电气阻抗匹配检测在 CAN 总线系统的硬件检测中具有重要意义。通过确保系统中各个节点的电气特性相匹配，可以有效地提高系统的稳定性和

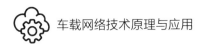

可靠性，降低系统因电气不匹配而引发的故障和干扰，从而保障整个 CAN 总线系统的正常运行。

（二）连接器检测

连接器检测在 CAN 总线系统中扮演着至关重要的角色。连接器作为硬件中的关键组成部分，直接影响着 CAN 总线系统的稳定性和可靠性。对连接器进行有效的硬件检测显得尤为重要。

连接器的质量和稳定性直接关系到 CAN 总线系统的正常运行。连接器的质量问题可能导致数据传输的不稳定，甚至引发通信故障，影响整个系统的性能。必须对连接器进行严格的硬件检测，以确保其质量和稳定性达到要求。

硬件检测包括对连接器的物理接触状态和连接质量进行检查。通过检测连接器的金属接触件是否完好，是否存在氧化或腐蚀等问题，可以及时发现并处理连接器可能存在的问题，保障 CAN 总线系统的正常通信。

硬件检测还包括对连接器的插拔性能进行测试。连接器的插拔次数过多或插拔力过大都可能导致连接器的损坏或接触不良，从而影响 CAN 总线系统的稳定性。需要通过专门的测试设备对连接器的插拔性能进行测试，确保其满足使用要求。

硬件检测还需要对连接器的防水防尘性能进行检验。在恶劣环境下使用的 CAN 总线系统，连接器往往需要具备良好的防水防尘性能，以确保系统在各种复杂环境下的稳定运行。对连接器的防水防尘性能进行严格的检测和验证显得尤为重要。

连接器检测作为 CAN 总线系统的硬件检测的重要组成部分，对保障 CAN 总线系统的稳定性和可靠性起着关键作用。通过对连接器的质量、插拔性能和防水防尘性能等方面进行严格检测，可以及时发现并排除可能存在的问题，确保 CAN 总线系统的正常运行。

二、CAN 总线系统的软件检测

（一）数据传输检测

1. 数据帧发送和接收是否正常

CAN 总线系统的软件检测是确保数据帧发送和接收正常运行的关键组成部分。这种检测通过软件算法来监测 CAN 总线上的数据传输，以确保系统在操作过程中没有出现错误或故障。软件检测通常涉及以下几个方面。

第一，软件会监视 CAN 控制器的状态和错误计数器。控制器的状态可以提供有关数据帧发送和接收的重要信息，例如，是否处于活动状态、是否准备好发送数据等。错误计数器可以用来检测是否发生了错误帧的传输，从而判断总线的健康状况。

第二，软件会检查发送和接收队列中的数据帧。发送队列存储待发送的数据帧，而接收队列存储已接收但尚未处理的数据帧。通过监视这些队列，软件可以及时发现是否有数据丢失或堆积的情况发生，以及是否需要采取相应的措施来处理。

第三，软件还会检查数据帧的校验和字段。每个 CAN 数据帧都包含校验和字段，用于检测数据传输过程中是否发生了错误。软件会计算接收到的数据帧的校验和，并与帧中的校验和进行比较，以确定数据的完整性。

第四，软件还会监测总线上的错误报文。CAN 总线在发生错误时会产生错误报文，软件可以通过捕获和分析这些报文来检测总线是否存在严重的问题，例如，位错误、格式错误等。

第五，软件还可以实现自我诊断和故障处理功能。当检测到总线或控制器出现问题时，软件可以采取相应的措施来应对，例如，重新初始化控制器、重新发送丢失的数据帧，或者发出警告消息以通知系统操作员。

2. 数据帧的完整性和准确性检测

数据帧的完整性和准确性检测在 CAN 总线系统的软件检测中至关重

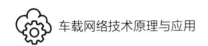

要。CAN 总线作为现代汽车和工业控制系统中的主要通信标准，其数据传输的准确性和完整性直接影响着系统的功能和安全性。

软件检测通过实现一系列算法和逻辑来验证数据帧的完整性和准确性。软件需要对接收到的数据帧进行解析和分析，确保其格式符合 CAN 协议的规范。检查数据帧的起始位、帧类型、数据长度等字段，以确保数据的完整性。

软件检测需要对数据帧中的 CRC 字段进行验证，以确保数据在传输过程中没有发生错误。CRC 是一种常用的错误检测码，能够有效地检测数据传输过程中的错误和干扰，保证数据的准确性。

软件检测还需要对数据帧进行时间戳的验证，以确保数据的时序性和同步性。CAN 总线系统中的数据帧通常具有严格的时间要求，软件需要确保数据帧的发送和接收时间在规定的时间范围内，以确保系统的实时性和稳定性。

软件检测还需要实现对异常数据帧的处理和容错机制。当检测到数据帧的完整性或准确性出现问题时，软件需要能够及时发现并采取相应的措施，例如重新发送数据帧、发出警告或进行故障诊断。

（二）性能检测

CAN 总线系统的软件检测是确保系统性能和稳定性的重要一环。这项检测涉及对软件功能和通信协议的全面评估，以确保系统在各种工作条件下都能够正常运行。

软件检测的核心是验证 CAN 总线系统的功能是否符合设计要求，并且能够在各种情况下正确地执行。这意味着需要对系统中的软件模块进行全面的测试，包括数据的发送和接收、错误处理、消息优先级等方面。

在进行软件检测时，一个需要特别关注的方面是系统的稳定性和容错性。这意味着需要模拟各种可能的异常情况，如消息丢失、消息重复、消息错误等，以确保系统能够正确地应对这些情况并保持正常运行。

另一个重要的方面是对系统的性能进行评估。这包括消息传输的延迟、带宽利用率、系统响应时间等指标的测量和分析。通过对这些指标的评估，可以确定系统的性能是否满足设计要求，并且能够在实际应用中达到预期的性能水平。

软件检测还需要考虑系统的可扩展性和兼容性。这意味着需要确保系统能够与不同厂商和型号的设备进行通信，并且能够灵活地应对不同的工作场景和需求。

软件检测需要进行全面的文档记录和报告。这包括记录测试过程中发现的问题和异常情况，以及对系统性能和稳定性的评估结果。这些文档和报告对于系统的后续优化和改进至关重要。

软件检测是确保 CAN 总线系统性能和稳定性的重要环节。通过对总线速率、总线负载和通信延迟等方面进行检测，可以确保系统能够在各种情况下稳定运行，并且能够满足用户的需求和期望。

1. 总线速率检测

总线速率检测在 CAN 总线系统中是一项关键的软件检测任务。CAN 总线系统的稳定性和性能直接受到总线速率的影响。通过有效的软件检测手段来确保总线速率的准确性和稳定性至关重要。

软件检测需要通过合适的算法和工具来实现对总线速率的检测。这些算法和工具可以基于实时数据采集和分析，以监测 CAN 总线上数据帧的传输时间间隔，并据此计算总线速率。通过采集和分析数据帧的到达时间，可以准确地计算出总线速率，并对其进行实时监测和调整。

软件检测需要考虑到 CAN 总线系统的实际工作环境和负载情况。不同的应用场景和工作条件可能对总线速率产生不同程度的影响，因此，需要根据实际情况对总线速率进行动态调整和优化。软件检测可以通过实时监测总线负载和数据传输情况，自动调整总线速率以适应不同的工作环境和负载需求。

软件检测还需要考虑到 CAN 总线系统的稳定性和可靠性。在实际应用

中，总线速率稳定性不佳可能导致数据传输的错误和丢失，从而影响整个系统的性能和可靠性。软件检测需要实时监测总线速率的波动情况，并采取相应的措施来确保总线速率的稳定性和可靠性。

软件检测还可以通过实时警告和故障诊断来提高总线速率的检测效率和准确性。通过设置合适的警告阈值和监测策略，可以及时发现总线速率异常和故障，并采取相应的措施进行处理和修复。软件检测还可以对总线速率进行历史数据分析和趋势预测，为系统性能优化和故障预防提供参考依据。

总线速率检测作为 CAN 总线系统重要的软件检测任务，对保障总线速率的准确性、稳定性和可靠性具有重要意义。通过合适的算法和工具，结合实时监测和动态调整策略，可以有效地实现对总线速率的软件检测和优化，提高 CAN 总线系统的性能和可靠性。

2. 总线负载和通信延迟检测

CAN 总线系统的软件检测是一种重要的方法，用于监测总线负载和通信延迟。这种检测旨在确保 CAN 总线系统在各种工作负载和环境条件下都能够正常运行，并且能够及时发现潜在的问题。

软件可以定期检测总线的负载情况。总线负载指的是总线上正在传输的数据量和频率。通过监测总线负载，软件可以评估系统的工作状态，确定总线是否过载或不足，以及是否需要调整数据传输的速率或优化通信协议。

软件可以检测通信延迟。通信延迟是指数据从发送到接收之间所经历的时间。CAN 总线通常对实时性要求较高，因此通信延迟的控制至关重要。软件会测量数据帧的发送和接收时间，并计算通信延迟。如果延迟超过了预设的阈值，软件会发出警告或采取相应的措施来调整系统配置，以确保数据传输的实时性。

软件还可以监测总线上的错误率。CAN 总线具有一定的容错能力，但仍然可能会发生错误，例如，位错误、格式错误等。软件会捕获并分析错误帧，以评估总线的稳定性和可靠性，并采取必要的措施来处理错误，例如，重新发送数据帧或重启总线。

软件还可以实现数据帧的优先级控制和调度功能。CAN 总线支持数据帧的优先级传输，软件可以根据数据帧的重要性和紧急程度来调度发送顺序，以确保关键数据能够及时传输并得到处理。

CAN 总线系统的软件检测是确保总线负载和通信延迟正常的重要手段。通过监测总线负载、通信延迟、错误率，以及实现数据帧的优先级控制，软件可以有效地管理总线系统，并及时发现和解决潜在的问题，从而提高系统的稳定性和可靠性。

第五章 常用车载网络系统的结构与原理

第一节 LIN 总线系统

一、LIN 总线系统的结构

（一）主从架构

1. 主节点的作用和特点

主节点在 LIN 总线系统中扮演着至关重要的角色。LIN 总线系统作为一种低成本、低速率的串行通信总线，广泛应用于汽车电子系统中。主节点作为 LIN 总线系统中的核心控制单元，具有多种重要作用和特点。

主节点负责协调 LIN 总线上的通信活动。它控制着整个 LIN 总线系统网络的数据流动，确保各个从节点能够按照预定的顺序和时间进行数据发送和接收。主节点通过发送帧同步信号和帧头标识符来同步 LIN 总线系统网络中的所有节点，从而确保数据的准确传输和同步通信。

主节点还负责管理 LIN 总线系统中的帧分配和调度。它根据系统需求和优先级，动态地分配和调度 LIN 总线上的数据帧，确保高优先级的数据能够及时传输和处理。主节点通过识别和处理各个节点发送的帧请求，按照优先级和时间序列进行帧分配和调度，最大程度地提高了 LIN 总线系统的通信效率和可靠性。

主节点还具有错误检测和诊断功能。它能够实时监测 LIN 总线上的数据传输和通信状态，及时发现并处理可能存在的通信故障和错误。主节点通过检测错误帧和异常信号，诊断并定位 LIN 总线系统中的故障原因，为故障排除和系统维护提供重要参考信息。

主节点还具有灵活的配置和扩展能力。它可以根据系统需求和应用场景进行灵活配置，包括帧格式、通信速率、节点数量等方面。主节点还支持 LIN 总线系统的扩展和升级，可以通过添加新的从节点或功能模块来扩展系统的功能和性能。

2. 从节点的作用和特点

从节点在 LIN 总线系统中扮演着重要的角色，它们的作用和特点对整个系统的性能和功能起着关键性的影响。

从节点是 LIN 总线系统中的被动参与者，负责接收主节点发送的指令并执行相应的操作。从节点通常是汽车电子系统中的各种控制单元，如车门控制模块、座椅控制模块、车身控制模块等。每个从节点都有自己独特的功能和任务，它们与主节点之间通过 LIN 总线进行通信和数据交换。

从节点的作用主要包括接收指令、执行任务和向主节点反馈状态信息。通过 LIN 总线，主节点可以向从节点发送各种控制命令和参数设置，从而实现对汽车各部件的控制和调节。从节点接收到指令后，会根据指令内容执行相应的操作，并通过 LIN 总线向主节点发送执行结果或状态信息，以便主节点及时了解系统的运行状况。

从节点的特点主要体现在其通信方式和功能特性上。从节点通常具有较低的成本和复杂度，因为它们不需要像主节点那样具有复杂的控制和调度功能。从节点的通信速率较低，通常在几千比特每秒，这是为了适应 LIN 总线的低速通信特性和节能需求。从节点通常具有较小的尺寸和体积，以

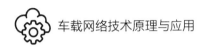

适应汽车电子系统中的各种空间限制和布局要求。

（二）物理连接结构

LIN 总线系统的结构是 LIN 网络中的重要组成部分，它直接影响着通信的稳定性和可靠性。

LIN 总线系统的结构包括物理连接和通信协议两个方面。物理连接结构是 LIN 总线系统中各节点之间物理连接的方式，它通常采用串行通信方式。LIN 总线系统的节点通过一根双绞线进行连接，其中一根线为数据线（LIN），另一根线为地线（GND）。这种双线结构能够有效地抵抗干扰和噪声，保证数据传输的稳定性。

在 LIN 总线系统的结构中，每个节点都有一个唯一的地址。节点之间的通信是通过主节点和从节点之间的消息传递实现的。主节点负责发送同步帧和消息帧，从节点则负责接收和响应这些帧。这种分布式的通信结构能够有效降低系统的复杂性，并提高系统的灵活性和可扩展性。

LIN 总线系统的通信协议是系统中节点之间通信的规范和约定。通信协议定义了消息的格式、帧的结构、数据的传输方式等。在 LIN 总线系统中，通信协议通常采用基于时间的调度方式，即主节点定期发送同步帧来同步所有节点的时钟，并根据预定的时间表发送消息帧。这种调度方式能够确保系统的实时性和稳定性，适用于对实时性要求不高的应用场景。

二、LIN 总线系统的工作原理

（一）通信机制

1. 主节点的主导作用

LIN 总线系统中的主节点扮演着至关重要的主导角色。主节点是 LIN 总线通信中的中枢，负责协调和控制整个系统的通信活动。

主节点通过发送同步帧来控制总线上的通信活动。同步帧是由主节点周期性地发送到总线上的特殊帧，用于同步所有从节点的操作。这样，所有从节点都能够在同一时刻接收到主节点发送的指令，从而实现整个系统的同步运行。

除了同步帧，主节点还负责发送和接收其他类型的帧，如识别帧、数据帧、响应帧等。通过发送识别帧，主节点可以识别出总线上的所有从节点，并且确定它们的存在和工作状态。而数据帧则用于主节点向从节点发送数据，而响应帧则用于从节点向主节点发送响应和反馈信息。

主节点的工作原理是一种基于主从结构的通信模式。在这种模式下，主节点拥有最高的优先级和控制权，可以随时发起和控制通信活动。而从节点则需要等待主节点的指令和请求，并且在接收到指令后执行相应的操作。

主节点的主导作用体现在其对整个系统的控制和调度能力上。主节点负责决定通信的频率和顺序，以及数据的传输和处理方式。通过灵活地控制总线上的通信活动，主节点可以实现系统中各个节点之间的协调和同步，从而确保系统能够以高效、稳定的方式运行。

主节点在 LIN 总线系统中扮演着至关重要的角色。通过发送同步帧和其他类型的帧，主节点控制着整个系统的通信活动，实现了系统中各个节点之间的同步和协调。主节点的主导作用确保了 LIN 总线系统能够以高效、稳定的方式运行，并且满足各种应用场景下的通信需求。

2. 从节点的被动响应

从节点在 LIN 总线系统中扮演着重要的角色，其被动响应是系统正常运行的关键之一。LIN 总线系统是一种低成本、低速率的串行通信总线，主要应用于汽车电子系统中。从节点作为 LIN 总线系统中的接收端，其被动响应是通过接收主节点发送的命令和数据来实现的。

从节点通过监听 LIN 总线上的通信活动来实现被动响应。它持续地监测总线上的数据帧和信号，等待主节点发送命令或请求。一旦从节点检测到主节点发送的数据帧或命令，将立即作出相应的响应，并执行相应的操

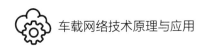

作。这种被动监听和响应的方式确保了从节点能够及时、准确地响应主节点的指令，以保障整个 LIN 总线系统的正常运行。

从节点根据主节点发送的命令和数据来执行相应的功能和任务。主节点发送的命令和数据包含了对从节点的控制指令、数据传输要求等信息。从节点根据这些信息来执行相应的操作，包括数据接收、数据发送、参数设置、状态更新等。从节点被动地接收主节点的指令，并根据指令内容和要求来执行相应的任务，实现从节点与主节点之间的数据交换和通信。

从节点还负责接收和处理主节点发送的错误检测和诊断信息。主节点定期发送诊断命令和信号到从节点，用于检测 LIN 总线系统中的故障和错误。从节点被动地接收这些诊断信息，并根据其中包含的错误码和状态信息来进行故障诊断和处理。从节点的被动响应能力使其能够及时发现和处理 LIN 总线系统中的故障，提高系统的稳定性和可靠性。

（二）数据帧格式

1. 同步字段

LIN 总线系统的工作原理是基于一种被称为同步字段的关键概念。同步字段在 LIN 通信协议中扮演着重要的角色，它确保了各个节点之间的同步性，以及准确的数据传输和接收。

同步字段是 LIN 总线消息的一部分，用于同步所有节点的时钟，并确保它们在通信过程中能够按照正确的时序进行操作。同步字段通常由一系列特定的比特组成，这些比特的组合形成了一个特定的模式，可以被所有节点识别和同步。

在 LIN 总线系统中，主节点负责生成同步字段并将其发送到总线上。同步字段的传输速率通常较高，以确保所有节点能够及时接收到并进行同步。一旦从节点检测到同步字段，它们就会根据该字段的时钟同步自己的时序，并开始准备接收后续的数据帧或命令。

同步字段的作用不仅是同步节点的时钟，还包括确定通信的开始和结束时间，并提供一个可靠的起始点，以便节点能够正确解析后续的数据。由于 LIN 总线是一种低速通信协议，同步字段的使用可以确保数据传输的准确性和可靠性，同时最大程度地降低了通信延迟和误差率。

在 LIN 总线系统中，同步字段的生成和传输是由硬件和软件共同实现的。硬件部分负责生成同步字段的物理信号，并将其发送到总线上，而软件部分则负责控制同步字段的生成时机和频率，以确保系统能够在不同的工作条件下保持稳定的通信状态。

同步字段是 LIN 总线系统中的重要组成部分，它确保了各个节点之间的同步性，并提供了一个可靠的通信起始点。通过合理的设计和实现，同步字段能够有效地提高 LIN 总线系统的稳定性和可靠性，从而满足汽车电子系统对高效通信的需求，为驾驶员提供更加安全和舒适的驾驶体验。

2. 数据字段

LIN 总线系统的工作原理涉及数据字段的传输和解析，这是该系统正常运行的关键。

在 LIN 总线系统中，数据字段是信息传输的核心。数据字段通常由数据帧组成，每个数据帧包含了一组数据信息。数据字段的传输是通过主节点和从节点之间的消息传递来实现的。主节点负责发送消息帧，而从节点则负责接收和解析这些消息帧。

数据字段的传输遵循 LIN 总线的通信协议。通信协议定义了数据帧的结构和格式，包括帧头、标识符、数据字节、校验和等信息。主节点根据预先定义的时间表发送消息帧，每个消息帧包含了一个或多个数据字段。从节点在接收到消息帧后，根据帧头中的标识符来识别数据字段，并进行解析和处理。

数据字段的传输是基于时间的，主节点通过发送同步帧来同步所有节点的时钟，从而确保数据字段的传输时序准确。每个数据字段都有一个预

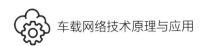

定的时间窗口，在这个时间窗口内，主节点发送消息帧，从节点接收和处理数据字段。通过严格控制时间窗口的时长和时序，可以保证数据字段的传输稳定性和可靠性。

数据字段的内容包括各种类型的数据信息，例如，传感器数据、控制命令、诊断信息等。这些数据信息在数据字段中以字节的形式进行传输，每个字节包含了 8 位的数据信息。通过组合和解析这些字节，可以实现对各种数据信息的传输和处理。

LIN 总线系统的结构包括主节点和多个从节点组成的总线网络。主节点负责向从节点发送指令和控制信息，而从节点则负责接收指令并执行相应的任务。总线网络通过 LIN 总线连接各个节点，实现数据的传输和交换。整个系统的结构简单明了，易于实现和维护，适用于汽车电子系统中的各种应用场景。

第二节　VAN 总线系统

一、VAN 总线系统的结构

（一）物理连接结构

1. 单总线结构

VAN 总线系统采用了单总线结构作为其物理连接结构。这种结构具有简单、灵活、成本低廉等特点，在许多汽车和工业控制领域得到了广泛应用。

单总线结构意味着所有节点都通过同一条总线进行通信。在 VAN 总线系统中，各个节点包括传感器、执行器、控制单元等，它们通过总线连接在一起，实现数据和命令的传输和交换。

总线的物理连接结构通常采用双绞线或者双绞线加屏蔽层的形式。这种结构能够有效地抵抗电磁干扰和噪声，保证数据的可靠传输。总线的连接方式灵活多样，可以采用直接连接、分支连接或者节点之间的串联连接，以满足不同应用场景下的需求。

　　在单总线结构中，总线上的通信是基于主从模式进行的。系统中通常会有一个主控节点负责协调和控制整个通信过程，而其他节点则作为从节点，根据主控节点的指令执行相应的操作。这种主从模式可以有效地简化系统的通信架构，并且提高系统的可靠性和稳定性。

　　在 VAN 总线系统中，单总线结构的设计使得系统具有良好的扩展性和灵活性。新的节点可以随时加入系统中，并且不会对已有节点的通信造成影响。同时，单总线结构还能够降低系统的成本和复杂度，提高系统的可维护性和可管理性。

　　2. 多总线结构

　　多总线结构是一种复杂的系统架构，用于在车辆电子系统中管理和控制各种功能和设备。其中，物理连接结构 VAN 总线系统是多总线结构中的重要组成部分。VAN 总线系统的结构设计旨在实现车辆内部各个电子控制单元之间的高效通信和数据交换。

　　VAN 总线系统的结构包括主总线和分支总线。主总线是 VAN 总线系统的核心部分，负责在车辆内部各个部件之间进行数据传输和通信。分支总线则是从主总线分出的子系统，用于连接特定的设备和功能模块。主总线和分支总线之间通过节点和网关进行连接和控制，构成了 VAN 总线系统的完整物理连接结构。

　　VAN 总线系统的结构设计考虑了车辆电子系统的复杂性和多样性。在现代汽车中，涉及诸多功能和设备，包括发动机控制、制动系统、车身电子、娱乐系统等。VAN 总线系统通过将这些功能模块和设备连接到统一的总线结构上，实现了它们之间的信息交换和协同工作，提高了系统的集成度和效率。

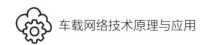

VAN 总线系统的结构还考虑了数据传输的实时性和可靠性要求。在车辆电子系统中，许多功能和设备需要实时地进行数据交换和通信，以确保系统的正常运行和安全性。VAN 总线系统采用了高速、实时性强的通信协议和技术，如 CAN 总线、FlexRay 总线等，以满足实时性和可靠性的要求。

VAN 总线系统的结构还考虑了系统的可扩展性和灵活性。随着汽车电子系统的不断发展和更新，车辆内部的功能和设备也在不断增加和变化。VAN 总线系统需要具备良好的扩展性和灵活性，能够方便地添加新的功能模块和设备，同时保持系统的稳定性和可靠性。

（二）网络拓扑结构

VAN 总线系统的结构是汽车电子系统中的核心组成部分,它采用了特定的网络拓扑结构来实现车辆内部各个控制单元之间的通信和数据交换。这种网络拓扑结构的设计直接影响着汽车电子系统的性能、稳定性和可靠性。

VAN 总线系统通常采用总线型拓扑结构。在总线型拓扑结构中，所有的节点都通过一个共享的总线连接起来，而且通信都是通过这个总线进行的。总线型拓扑结构简单明了，易于实现和维护，适用于汽车内部各个控制单元之间的通信需求。

VAN 总线系统还可以采用星型拓扑结构。在星形拓扑结构中，所有的节点都直接连接到一个中心节点，而且所有的通信都是通过这个中心节点进行的。星形拓扑结构具有较高的抗干扰能力，但是需要更多的连接线路和节点，因此在汽车电子系统中应用较少。

VAN 总线系统还可以采用混合型拓扑结构。混合形拓扑结构是总线型和星形拓扑结构的结合，可以根据实际需求和系统架构来灵活配置和设计。混合形拓扑结构可以兼具总线型和星形拓扑结构的优点，适用于复杂的汽车电子系统和大规模的网络部署。

无论采用何种拓扑结构，VAN 总线系统的结构都包括主节点和从节点两种类型的节点。主节点通常是车辆控制单元中的中央处理器，负责控制总线上的数据传输和通信过程。从节点则是各种外围设备和传感器，负责接收主节点发送的指令并执行相应的操作。

　　除了节点之外，VAN 总线系统的结构还包括物理层、数据链路层、应用层等不同的协议和组件。物理层负责传输数据的物理信号，数据链路层负责管理数据的传输和接收，而应用层则负责处理数据的格式和内容，以及实现各种功能和服务。

二、VAN 总线系统的工作原理

（一）通信速率

1. 标准速率与高速率

　　标准速率与高速率 VAN 总线系统是车辆电子系统中常见的通信标准，它们在车辆内部各种控制单元之间传输数据和命令。标准速率 VAN 总线和高速率 VAN 总线在工作原理上有着一些显著的差异。

　　标准速率 VAN 总线系统通常用于低速或不需要高速数据传输的汽车电子系统中。它的工作原理基于 CAN 总线标准，采用双线（CAN_H 和 CAN_L）结构进行数据传输。标准速率 VAN 总线的通信速率通常在 10～125 kbit/s，适用于车门控制、车窗控制、灯光控制等车内功能的通信。

　　高速率 VAN 总线系统通常用于需要更快数据传输速度的应用，例如，车辆的动力总成控制系统、车载娱乐系统等。高速率 VAN 总线系统通常采用更高的通信速率，通常在 500～1 Mbit/s 之间。它可以处理更多的数据量，并且更适合对实时性要求较高的应用场景。

　　标准速率 VAN 总线和高速率 VAN 总线系统的工作原理都基于串行通信的方式。它们通过在总线上发送和接收消息帧来实现节点之间的通信。消息帧通常包括帧起始、帧类型、数据字段、校验码等信息。发送节点根

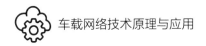

据总线上的优先级决定何时发送消息帧，而接收节点则根据帧类型和标识符来识别并处理消息帧。

在标准速率 VAN 总线系统中，通信的速率相对较低，数据传输速度较慢，适用于对实时性要求不高的应用场景。而在高速率 VAN 总线系统中，通信速率更高，能够处理更多的数据量，适用于对实时性要求较高的应用场景。

2. 数据传输速率的选择与调整

在 VAN 总线系统中，数据传输速率的选择和调整是至关重要的。传输速率直接影响到系统的性能、稳定性及数据传输效率。在选择和调整数据传输速率时，需要考虑到系统的需求、总线的物理特性及通信环境的影响。

数据传输速率的选择需要基于系统的实际需求和应用场景。高速传输可以提高数据传输的效率，但同时也会增加系统的复杂性和成本。需要根据系统的实际情况和性能要求来选择合适的传输速率。

数据传输速率的调整需要考虑到总线的物理特性。总线的物理特性包括总线的长度、传输介质、传输方式等。在长距离传输和噪声干扰较大的环境中，需要降低传输速率以确保数据的可靠传输。

数据传输速率的选择和调整还需要考虑到通信环境的影响。在复杂的电磁环境和高噪声干扰的情况下，需要降低传输速率以提高数据传输的稳定性和可靠性。而在相对简单的通信环境中，可以适当提高传输速率以提高数据传输的效率。

数据传输速率的选择和调整还需要综合考虑系统的稳定性和成本因素。高速传输可以提高系统的响应速度和数据处理能力，但同时也会增加系统的成本和复杂性。在选择传输速率时，需要在性能和成本之间进行权衡。

（二）网络同步

1. 同步机制

同步机制是 VAN 总线系统的关键组成部分，它是确保各个节点之间数据通信和传输的有效性和可靠性的重要手段。

同步机制通过在 VAN 总线系统中建立统一的时钟和时间基准来实现节点之间的数据同步。在 VAN 总线系统中，各个节点需要按照统一的时间标准进行数据发送和接收，以确保数据的准确传输和同步通信。同步机制通过在系统中引入主节点和时钟信号，并采用统一的通信协议和数据格式，实现了各个节点之间的时序一致性和数据同步。

同步机制还负责协调和管理 VAN 总线系统中的数据传输和通信活动。在数据通信过程中，各个节点之间需要进行严格的时序控制和数据交换，以避免数据冲突和丢失。同步机制通过在系统中引入时间槽和帧同步信号，并采用适当的通信协议和通信策略，实现了数据传输的有序进行，最大程度地提高了系统的通信效率和可靠性。

同步机制还负责处理 VAN 总线系统中的时延和抖动等问题。在实际应用中，由于各个节点的响应时间和处理能力不同，可能会出现数据传输时延和时序抖动等现象。同步机制通过对数据帧的发送和接收进行时序控制和调整，并采用适当的时序校正和数据重发机制，有效地处理了这些时延和抖动问题，保障了数据传输的稳定性和可靠性。

同步机制还负责处理 VAN 总线系统中的异常情况和故障。在实际应用中，可能会出现节点故障、通信错误等问题，影响系统的正常运行和数据传输。同步机制通过实时监测系统的运行状态和数据传输情况，及时发现并处理可能存在的异常情况和故障，保障了系统的稳定性和可靠性。

2. 时钟同步策略

VAN 总线系统的工作原理涉及时钟同步策略，这是确保系统各部件协调工作的重要方面。时钟同步策略旨在保证各个节点之间的时钟保持一致，以便在数据传输和通信过程中实现精确的时间同步和数据交换。

时钟同步策略的核心是确保所有节点都能够按照相同的时钟进行操作。这一点对于 VAN 总线系统至关重要，因为在车辆电子系统中，不同的控制单元需要在特定的时间间隔内进行数据交换和通信，而且这些数据交

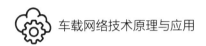

换需要在非常精确的时间间隔内进行，以确保系统的正常运行。

在 VAN 总线系统中，时钟同步策略通常由主节点来实现和控制。主节点负责向所有从节点发送时钟同步信号，并确保它们在通信过程中保持一致的时钟。这一过程通常通过发送周期性的同步帧或同步信号来实现，从而确保所有节点都能够在相同的时钟周期内进行操作。

时钟同步策略的实现可以采用不同的方法和技术。其中，一种常见的方法是使用时间触发器机制。在时间触发器机制中，主节点会定期发送同步帧，每个从节点收到同步帧后都会根据帧中的时间戳调整自己的时钟，以确保与主节点保持同步。

另一种常见的方法是使用事件触发器机制。在事件触发器机制中，节点之间的通信和数据交换是根据特定的事件或条件触发的，而不是按照固定的时间间隔。在这种情况下，时钟同步策略可能会根据系统的需求和特性进行调整和优化。

除了时间触发器和事件触发器之外，还可以采用外部时钟源或全局位置系统来实现时钟同步。这些方法可以提供更精确和稳定的时钟同步，特别是在需要高精度定时和同步的应用场景中。

第三节　LAN 总线系统

一、LAN 总线系统的结构

（一）网络拓扑结构

1. 总线型结构

LAN 总线系统的结构是网络通信中的关键组成部分，它涉及网络中各种设备之间的物理连接和通信协议。

LAN 总线系统的结构是基于总线型的拓扑结构设计的，这意味着所有设备都连接到同一根总线上。这种结构使得设备之间可以直接通信，而不需要经过中央节点。总线结构简化了网络的布线，降低了成本，并且提供了良好的可扩展性。

　　在 LAN 总线系统的结构中，所有设备共享同一根总线。当一个设备想要发送数据时，它可以将数据包发送到总线上，其他设备可以监听总线上的数据传输，然后根据目标地址来判断是否接收该数据包。如果数据包的目标地址与设备的地址相匹配，设备就会接收数据包，否则就会忽略它。

　　LAN 总线系统的结构还涉及通信协议的设计。通信协议定义了数据包的格式、传输方式及设备之间的通信规则。常见的 LAN 总线系统通信协议包括 Ethernet 协议、Token Ring 协议等。Ethernet 协议是一种常用的局域网协议，它采用载波监听多点接入/碰撞检测的方式来管理数据传输。Token Ring 协议则采用令牌传递的方式来控制数据传输，每个设备必须等待获取令牌才能发送数据。

　　除了物理连接和通信协议之外，LAN 总线系统的结构还包括网络设备，如交换机和路由器。交换机用于连接各个设备，并且可以根据 MAC 地址来转发数据包，从而提高网络的性能和安全性。路由器则负责连接不同的 LAN，并且可以实现不同 LAN 之间的数据转发和路由。

　　2. 星形结构

　　LAN 总线系统采用星形结构作为其物理连接结构。这种结构以一个中央集线器为中心，将所有设备连接在一起。每个设备都通过独立的电缆与集线器相连，形成了一种星形的拓扑结构。

　　星形结构具有明显的优势，其中一个重要的优点是其可靠性和稳定性。由于每个设备都与集线器直接相连，一旦某个设备出现故障或断开连接，其他设备不会受到影响，仍然可以正常工作。这种独立连接的特性使得星形结构在实际应用中具有较高的可靠性。

星形结构的另一个优点是其易于安装和维护。由于每个设备都通过独立的电缆连接到集线器，安装和维护起来比较简单方便。当需要添加或更换设备时，只需连接或更换相应的电缆，而不会对整个系统造成影响。

星形结构还具有良好的扩展性。由于每个设备都直接连接到集线器，因此可以更方便地添加新的设备，扩展系统的规模和功能。这种灵活的扩展性使得星形结构适用于不断变化和扩展的网络环境。

星形结构也存在一些缺点。其中一个主要缺点是集线器成为单点故障的可能性较高。如果集线器出现故障，整个网络将无法正常工作。为了提高系统的可靠性，通常会采用备用集线器或者冗余连接来应对可能的故障。

另一个缺点是星形结构的数据传输效率相对较低。所有数据都必须通过集线器进行转发，可能会造成网络拥塞和延迟。为了提高数据传输效率，可以采用更高速的集线器和优化网络配置来缓解这个问题。

（二）设备类型

1. 主机

主机在 LAN 总线系统中担当着至关重要的角色，它是网络中的核心控制单元，负责管理和控制网络中的各种设备和数据传输。

LAN 总线系统的结构是一个复杂而有机的网络体系，由多个设备和节点组成，包括主机、客户端、路由器、交换机等。主机承担着多种重要职责和功能。

主机作为 LAN 总线系统中的中央控制节点，负责整个网络的管理和控制。它通过操作系统和网络管理软件来管理和监控网络中的各个设备和节点，包括客户端、服务器、路由器等。主机能够实时监测网络中的数据流量、带宽利用率、设备状态等信息，根据实际情况进行网络资源的分配和调度，以实现网络的高效运行和管理。

主机作为 LAN 总线系统中的数据交换和传输中心，负责处理网络中的数据传输和通信。它通过网络接口卡和通信协议与其他设备进行数据交换和通信，包括数据包的发送、接收、转发等操作。主机能够根据网络拓扑结构和路由表，选择合适的数据传输路径，实现数据的快速、稳定的传输，保障网络的通信质量和可靠性。

主机作为 LAN 总线系统中的安全防护节点，负责网络安全的管理和防护。它通过安全防火墙、入侵检测系统等安全机制，监控和过滤网络流量，防止恶意攻击和非法访问，保护网络中的数据和信息安全。主机还可以通过身份认证、访问控制等手段，限制用户和设备的访问权限，防止未经授权的访问和操作，提高网络的安全性和可靠性。

主机作为 LAN 总线系统中的数据存储和共享中心，负责管理和维护网络中的数据存储和共享资源。它可以提供文件共享、打印共享、数据库访问等服务，为网络中的用户和设备提供数据存储和共享的功能。主机能够通过网络共享协议和文件系统管理工具，实现数据的安全存储、快速检索和高效共享，满足用户和设备的各种数据需求。

2. 终端设备

终端设备在 LAN 总线系统中扮演着重要的角色，LAN 总线系统是现代网络通信中的关键组成部分。它们的结构与其他网络系统有着相似之处，但在 LAN 总线系统中，终端设备的作用更为突出和特殊。

LAN 总线系统的结构通常以总线型拓扑为主，尤其适用于局域网内的数据通信。这种结构下，所有终端设备通过一条共享的总线连接起来，形成一个相对简单的网络结构。每个终端设备都有自己的地址和识别码，使得数据能够准确传递到目标设备。

终端设备包括各种计算机、服务器、打印机、路由器等，它们是 LAN 总线系统中的最终节点，负责处理和交换数据。终端设备通常由硬件和软件组成，硬件部分包括物理设备和接口，而软件部分则包括操作系统和应用程序。

终端设备的主要特点之一是具有通信能力和数据处理功能。它们能够

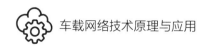

通过 LAN 总线系统与其他设备进行数据交换和通信，实现信息共享、资源共享、协作办公等功能。同时，终端设备还具有数据处理和计算能力，可以对接收到的数据进行分析和处理，生成相应的输出结果。

在 LAN 总线系统中，终端设备通过网络接口卡或无线网络接口连接到 LAN 总线，以实现数据的收发。网络接口卡负责将终端设备中的数据转换为适合在 LAN 总线上传输的格式，并将接收到的数据转换为终端设备可识别的格式。无线网络接口则通过无线信号进行数据传输，使得终端设备可以在无线局域网中进行通信和数据交换。

终端设备还可以通过协议栈来实现与 LAN 总线系统的通信。协议栈是一组网络协议的集合，负责定义数据传输的规则和格式，以确保数据能够在 LAN 总线系统中正确传递和解析。常见的网络协议包括 TCP/IP 协议、UDP 协议、HTTP 协议等，它们在 LAN 总线系统中起着至关重要的作用。

二、LAN 总线系统的工作原理

（一）数据传输方式

1. 数据包交换

LAN 总线系统的工作原理涉及数据包交换，这是网络通信中的重要概念。

数据包交换是在 LAN 总线系统中实现设备之间通信的基本原理。它通过将数据划分成小的数据包，并通过网络传输这些数据包来实现设备之间的通信。数据包交换在 LAN 总线系统中的工作原理如下所述。

当一个设备需要发送数据时，它将数据分割成小块的数据包。每个数据包都包含了数据的一部分及一些必要的控制信息，例如，源地址和目标地址等。

发送设备通过网络中的传输介质发送数据包。在 LAN 总线系统中，数据包通过共享的总线传输，设备将数据包发送到总线上，并且其他设备可以监听总线上的数据传输。

接收设备在接收到数据包后，通过识别数据包中的目标地址来确定是否接收这个数据包。如果目标地址与设备的地址匹配，那么接收设备就会接收这个数据包并且进行处理；否则，它会将数据包丢弃。

数据包交换过程中的重要组成部分是网络中的交换机。交换机是一个网络设备，它负责连接各个设备，并且可以根据数据包中的目标地址来决定将数据包转发到哪个端口。通过交换机，数据包可以在网络中高效地传输，从而提高了网络的性能和可靠性。

另一个重要的概念是数据包交换的协议。网络中的数据包交换是基于一系列通信协议来进行的，这些协议定义了数据包的格式、传输方式及设备之间的通信规则。常见的协议包括以太网协议、IP 协议、TCP 协议等。

2. 数据流模式

LAN 总线系统采用数据流模式作为其工作原理。数据流模式是一种通信方式，它允许多个设备在共享的总线上进行数据传输。在这种模式下，数据被分成小块并在总线上传输，各个设备可以根据自己的需求发送或接收数据。

数据流模式的核心是总线上的数据传输。数据被分成小块或帧，然后通过总线进行传输。每个设备都有机会发送数据，并且可以监听总线上的数据以检测是否有数据发送给自己。

在数据流模式下，总线上的数据传输是基于时间和优先级进行调度的。高优先级的数据将优先被发送，以确保重要数据能够得到及时传输。总线上的数据传输也受到冲突和碰撞的影响，因此需要一定的协议来处理这些情况，以确保数据传输的可靠性和稳定性。

数据流模式还包括数据的接收和处理过程。每个设备都需要监听总线上的数据，并且根据自己的需求决定是否接收数据。接收到的数据将被存储并进行进一步的处理，这可能包括数据解析、响应生成等操作。

在数据流模式下，数据的传输速率和带宽是一些重要的考虑因素。传输速率取决于总线的物理特性和网络配置，而带宽则决定了系统能够同时处理的数据量。在设计 LAN 总线系统时，需要根据系统的需求和性能要求来确定合适的传输速率和带宽。

（二）数据帧格式

数据帧是 LAN 总线系统中用于传输数据的基本单位，它由多个字段组成，其中包括帧头部、数据部分、校验部分及帧尾部。

1. 帧头部

帧头部是 LAN 总线系统中数据帧的重要组成部分，它承载着数据帧的关键信息，包括目的地址、源地址、帧类型等，起着数据传输和通信的关键作用。

帧头部包含了目的地址和源地址等关键字段。目的地址指定了数据帧的接收目标，即数据帧要发送到的目标设备或节点的物理地址。源地址则指示了数据帧的发送源，即数据帧的发送者的物理地址。通过目的地址和源地址字段，LAN 总线系统能够确定数据帧的传输路径和发送方，实现数据的准确传输和通信。

帧头部还包含了帧类型字段，用于指示数据帧的类型和格式。帧类型字段包括数据帧、控制帧、管理帧等多种类型，用于区分不同种类的数据帧，指示数据帧的用途和内容。通过帧类型字段，LAN 总线系统能够识别和区分不同类型的数据帧，进行相应的处理和转发，确保数据帧能够按照预期的方式进行传输和处理。

帧头部还包含了校验和字段，用于校验数据帧的完整性和准确性。校验和字段通过对数据帧的数据部分进行计算，生成校验和值，并将其附加到数据帧的帧头部中。接收端在接收到数据帧后，可以重新计算校验和值，并与接收到的校验和值进行比对，以检测数据帧是否发生了错误或损坏。

通过校验和字段，LAN 总线系统能够有效地检测和纠正数据帧传输过程中可能出现的错误和损坏，提高数据传输的可靠性和准确性。

帧头部还包含了其他一些辅助字段和控制信息，如帧长度、优先级、时间戳等。这些字段和信息用于指示数据帧的长度、优先级和时间信息，辅助 LAN 总线系统进行对数据帧的处理和传输。通过这些辅助字段和控制信息，LAN 总线系统能够实现对数据帧的灵活管理和调度，满足不同应用场景和需求的数据传输需求。

2. 帧尾部

LAN 总线系统的工作原理与数据帧格式息息相关，其中帧尾部是数据帧格式中的重要组成部分。理解帧尾部及数据帧格式对于理解 LAN 总线系统的工作原理至关重要。

帧尾部是数据帧的最后一个字段，其作用是标识数据帧的结束，并通知接收端数据帧的传输已完成。

在 LAN 总线系统中，帧尾部的设计是非常关键的。通常，帧尾部标记是一个特定的比特序列，用于指示数据帧的结束，被称为帧尾部标记。这个比特序列的选择必须是唯一的且不会在数据中出现，以避免接收端错误地将数据部分的内容误认为是帧尾部。

帧尾部还可能包含一些其他的字段或标志，用于标识数据帧的类型、校验信息等。这些额外的信息有助于接收端对数据帧进行正确的解析和处理。

在 LAN 总线系统中，数据帧的传输通常采用同步传输方式，即发送端和接收端的时钟需要保持同步，以确保数据的准确传输。帧尾部的存在使得接收端能够准确地识别数据帧的结束，从而确保数据的完整性和准确性。

帧尾部的长度通常是固定的，并且在设计阶段就确定下来。这样做可以简化接收端的解析过程，使其能够更快速地识别和处理数据帧。

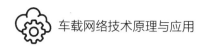

第四节　车载蓝牙系统

一、车载蓝牙系统的结构

（一）物理连接结构

1. 蓝牙无线连接

蓝牙无线连接在车载系统中扮演着重要的角色，它使得车辆内部各种设备能够无线连接并进行数据传输。车载蓝牙系统的结构涉及硬件设备、通信协议、应用软件等多个方面。

车载蓝牙系统的结构包括蓝牙模块、控制单元和各种外部设备。蓝牙模块是车载系统中的关键部件，它负责实现蓝牙通信功能。蓝牙模块通常包括蓝牙芯片和天线等组件，用于与其他蓝牙设备进行无线通信。控制单元则负责管理蓝牙模块的工作，并且协调车载系统中的各种功能和设备。外部设备包括车载音响系统、手机、导航系统等，它们通过蓝牙连接到车载系统，实现数据交换和功能控制。

车载蓝牙系统的结构还涉及通信协议。蓝牙技术采用一系列通信协议来实现设备之间的无线连接和数据传输。在车载蓝牙系统中，常见的蓝牙协议包括蓝牙基本数据传输协议、蓝牙低功耗技术等。这些协议提供了不同的通信速率和功耗特性，适用于不同类型的车载应用。

车载蓝牙系统的结构还包括应用软件和用户界面。应用软件是车载系统中的核心功能模块，它负责实现各种蓝牙功能，例如，蓝牙配对、音频传输、电话通话等。用户界面则提供了用户与车载蓝牙系统交互的方式，包括显示屏、按钮、语音控制等。通过应用软件和用户界面，用户可以更方便地控制和使用车载蓝牙系统，实现各种功能和服务。

2. 蓝牙物理层规范

车载蓝牙系统的结构与蓝牙物理层规范密切相关。蓝牙物理层规范定义了蓝牙系统中数据的传输方式、频率范围、调制方式等关键参数。车载蓝牙系统作为一种车载通信技术，在车辆内部提供了无线连接的功能，便于车辆内部各个设备之间的互联和通信。

车载蓝牙系统的结构通常包括两个主要部分，即蓝牙控制单元和蓝牙连接设备。蓝牙控制单元负责管理蓝牙通信的配置和控制，包括与车载娱乐系统的集成、与车载控制系统的通信等。而蓝牙连接设备则是指车辆内部的各种设备，如手机、音响系统、导航系统，这些设备都能够通过蓝牙与控制单元进行连接和通信。

蓝牙物理层规范对车载蓝牙系统的设计和实现起着重要作用。物理层规范定义了蓝牙系统中数据传输的频率范围、调制方式、传输速率等关键参数，这些参数直接影响着系统的性能和稳定性。车载蓝牙系统需要符合物理层规范的要求，以确保系统能够在车辆内部进行稳定、可靠的通信和数据传输。

车载蓝牙系统还需要考虑到车辆特有的环境因素和使用场景。例如，车载蓝牙系统需要考虑到车辆内部的电磁干扰和噪声环境，以及车辆运行时的振动和温度变化等因素。在设计车载蓝牙系统时，需要采取一系列的措施来提高系统的抗干扰能力和稳定性，确保系统能够在各种复杂的车辆环境下正常运行。

车载蓝牙系统还需要考虑到用户体验和安全性等因素。用户体验包括系统的易用性、界面设计、功能丰富性等方面，而安全性则涉及数据传输的加密和认证机制等。车载蓝牙系统需要确保用户能够方便地使用各种功能，并且能够保障用户数据的安全和隐私。

（二）设备类型

车载蓝牙系统的结构是一个复杂的网络体系，由多个设备和模块组成。

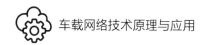

车载蓝牙系统作为一种无线通信技术，旨在为车辆内的通信和娱乐提供便利和高效性。

车载蓝牙系统中的主要设备类型包括手机、车载娱乐系统等。手机作为蓝牙系统的外部设备，负责提供通信和数据传输的功能。车载娱乐系统包括车载音响、多媒体播放器等，用于接收和播放来自手机或其他外部设备的音频信号。

车载蓝牙系统的结构包括蓝牙手机、蓝牙连接控制单元和蓝牙音频单元。蓝牙手机作为外部设备，通过蓝牙连接与车载系统进行通信，传输语音通话、音乐等数据。蓝牙连接控制单元是车载系统中的核心控制模块，负责管理和控制蓝牙连接的建立和维护，以及数据的传输和处理。蓝牙音频单元则负责接收和解码来自手机或其他外部设备的音频信号，并输出到车载音响系统进行播放。

车载蓝牙系统还包括蓝牙通信协议和通信协议栈。蓝牙通信协议是一种用于在车载系统和手机之间进行数据传输和通信的规范和约定。通信协议栈则是蓝牙系统中的软件模块，包括蓝牙物理层、蓝牙数据链路层、蓝牙网络层等，负责实现蓝牙通信协议的各个功能和特性。

车载蓝牙系统还包括蓝牙配对和连接管理功能。蓝牙配对是指手机和车载系统之间建立安全连接的过程，通过交换加密密钥和认证信息，确保通信过程的安全性和可靠性。连接管理功能则是指车载系统对蓝牙连接进行管理和控制，包括连接建立、连接断开、连接状态监测等操作，以确保蓝牙通信的稳定和可靠。

二、车载蓝牙系统的工作原理

（一）蓝牙连接过程

1. 蓝牙设备发现

车载蓝牙系统的工作原理包括蓝牙设备发现过程，这是现代汽车中普遍应用的一项技术。车载蓝牙系统是一种无线通信系统，它允许车辆内部的各种设备和手机等外部设备进行连接和通信。

车载蓝牙系统通过蓝牙技术实现设备之间的无线通信。蓝牙技术是一种短距离无线通信技术，它通过无线电波在设备之间进行数据传输。车载蓝牙系统利用这种技术在车辆内部建立起一个无线通信网络，使得车载设备可以与手机、音响系统、导航系统等外部设备进行连接和交互。

车载蓝牙系统的核心功能之一是设备发现，它使得车载设备能够自动识别和连接周围的蓝牙设备。设备发现过程通常分为两个阶段，即主动搜索和被动监听。

在主动搜索阶段，车载蓝牙系统会向周围的蓝牙设备发送搜索请求，以发现可用的设备。搜索请求包含设备的识别信息和搜索范围，它们被广播到周围的环境中。蓝牙设备在接收到搜索请求后，会做出响应并发送相应的回应消息，其中包含设备的识别信息和可用服务等信息。

在被动监听阶段，车载蓝牙系统会监听周围环境中广播的搜索请求，并对接收到的请求进行解析和处理。一旦识别到符合条件的蓝牙设备，车载蓝牙系统会发送连接请求，并与设备建立起连接。

连接建立后，车载蓝牙系统和外部设备之间就可以进行数据交换和通信。这种通信可以是音频数据的传输，例如，通过蓝牙连接手机进行电话通话；也可以是控制命令的传输，例如，通过蓝牙连接导航系统进行路线规划和导航控制。

除了设备发现，车载蓝牙系统还具有其他重要功能，如数据传输、音频处理、安全认证等。数据传输功能使得车载设备和外部设备可以在无线环境下进行数据交换；音频处理功能允许车辆内部的音响系统通过蓝牙连接外部设备进行音乐播放或电话通话；安全认证功能确保通信过程的安全性和可靠性。

2. 配对与身份验证

车载蓝牙系统的工作原理基于配对与身份验证这一重要概念，它们是

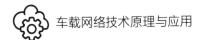

确保蓝牙连接安全和稳定的关键步骤。

配对是在车载蓝牙系统中建立安全连接的第一步。当两个蓝牙设备之间想要进行通信时，它们首先需要进行配对。在配对过程中，设备之间会交换一系列加密密钥和随机数，以确保通信过程中的安全性。配对的目的是建立双方信任的关系，使得设备之间可以安全地交换数据和信息。

配对过程通常涉及身份验证。身份验证是确认设备身份的过程，它能够确保通信双方都是合法的设备，不存在安全威胁。在身份验证过程中，设备会验证对方的身份信息，例如，设备的蓝牙地址或预共享密钥。只有在身份验证通过后，设备之间才能建立安全连接并开始进行数据传输。

配对与身份验证是车载蓝牙系统中确保安全通信的重要步骤。它们可以有效防止未经授权的设备接入蓝牙网络，并且保护用户的隐私和数据安全。

在车载蓝牙系统中，配对与身份验证的工作原理基于一系列加密算法和安全协议。这些算法和协议能够确保通信过程中的数据保密性和完整性，防止数据被窃听或篡改。常见的安全协议包括 PIN 码配对、数字证书认证等，它们提供了不同级别的安全保障，适用于不同的应用场景和安全需求。

（二）数据传输方式

车载蓝牙系统的工作原理与数据传输方式密切相关。蓝牙作为一种无线通信技术，能够实现车辆内部各设备之间的数据传输和互联。数据传输方式涵盖了蓝牙系统中数据的传输方式、通信协议、数据处理流程等关键方面。

蓝牙系统采用了无线电波作为数据传输的载体，通过蓝牙技术实现设备之间的短距离通信。在车载蓝牙系统中，数据传输方式主要包括两种，即点对点连接和多对一连接。点对点连接是指两个设备之间建立直接的连接，实现数据的传输和交换。多对一连接是指多个设备同时连接到一个主设备上，通过主设备实现对数据的集中管理和控制。

在数据传输过程中，车载蓝牙系统采用了一系列的通信协议和数据处理流程。最常用的协议是蓝牙串行端口协议，它允许设备之间建立虚拟串行端口进行数据传输。蓝牙还支持多种其他协议，如音频/视频传输协议、电话控制协议、电话簿访问协议等，这些协议支持了车载蓝牙系统中音频、电话、数据等不同类型的传输需求。

数据传输方式还涉及数据的编码、解码和处理过程。蓝牙系统通过一系列的编解码算法将数据转换成蓝牙可识别的信号，并在接收端将信号解码为原始数据。数据的编解码过程在一定程度上影响了数据传输的速率和稳定性，因此在设计和实现蓝牙系统时需要选择合适的编解码算法以满足系统的性能需求。

除此之外，车载蓝牙系统还需要考虑通信距离、传输速率、功耗等因素。蓝牙系统通常在短距离范围内（几米到十几米）进行通信，传输速率可以根据系统需求进行调整，而功耗则需要尽量降低以延长设备的使用时间。

1. 音频数据传输

音频数据传输在车载蓝牙系统中是一项关键的功能，它实现了从手机或其他外部设备到车载音响系统的音频信号传输。车载蓝牙系统通过一系列的技术和协议来实现音频数据的传输，为车辆内部的音乐播放、电话通话等提供了便利和高效性。

音频数据传输的过程涉及蓝牙连接的建立和维护。当手机与车载蓝牙系统进行连接时，它们之间会建立蓝牙连接通道，通过蓝牙连接控制单元进行管理和控制。一旦连接建立成功，手机和车载蓝牙系统之间就可以进行数据传输，包括音频数据的传输。

音频数据传输还涉及蓝牙音频单元的功能和特性、蓝牙通信协议和通信协议栈的支持、蓝牙配对和连接管理的过程。具体设备结构已在前文中加以论述，此处不再赘述。

音频数据传输在车载蓝牙系统中是一项关键的功能，通过蓝牙连接的建立和维护，蓝牙音频单元的功能和特性，以及蓝牙通信协议和通信协议栈的支持，实现了从手机或其他外部设备到车载音响系统的音频信号传输。这为车辆内部的音乐播放、电话通话等提供了便利和高效性，提升了驾驶员和乘客的驾乘体验。

2. 控制指令传输

车载蓝牙系统通过控制指令传输实现了车辆内部各个设备之间的智能控制和协同工作。这一过程关键在于建立有效的通信链路，确保控制指令能够准确传递，实现车内设备的协调操作。

在车载蓝牙系统中，控制指令传输涉及两个主要组成部分。指令生成和指令解析。指令生成是由主设备，比如中央控制系统，向周围的设备发送控制指令的过程。这些指令可能包括音响系统的播放控制、导航系统的路线规划、车灯控制等。主设备生成指令后，通过蓝牙技术将其传输到车辆内的其他设备。

指令解析是由从设备，如音响系统、导航系统等接收并解析主设备发送的控制指令的过程。从设备通过蓝牙接收到指令后，会解析指令内容并执行相应的操作。例如，导航系统接收到路线规划的指令后，会开始计算最优路径并在屏幕上显示；音响系统接收到播放控制的指令后，会开始播放指定的音乐或调整音量。

蓝牙技术在控制指令传输中发挥了重要的作用。它提供了一种短距离无线通信的解决方案，具有低功耗、低成本和广泛的应用特点。通过蓝牙连接，车辆内的各个设备能够快速、稳定地进行指令传输，实现设备之间的即时互动。

蓝牙技术支持点对点通信和广播通信两种模式。点对点通信用于主设备向特定的从设备发送控制指令，实现有针对性的操作。而广播通信则用于向车内所有设备发送相同的控制指令，实现全局控制，如同步调整车内照明。

在控制指令传输的过程中，安全性也是一个重要的考虑因素。蓝牙技术通过支持加密和身份验证等安全机制，确保指令传输过程中的数据安全性，防止未经授权的访问和干扰。

第五节　车载网络系统网关

一、车载网络系统网关的结构

（一）网关硬件组成

1. 处理器单元

处理器单元是车载网络系统网关结构中的核心组件之一，它负责执行各种计算任务、控制数据流和协调系统中的各个部分。在车载网络系统中，处理器单元起着至关重要的作用，其性能和功能直接影响着整个系统的运行效率和稳定性。

处理器单元通常由高性能的处理器芯片组成，例如，多核处理器或者专门设计用于车载系统的嵌入式处理器。这些处理器具有较高的计算能力和处理速度，能够应对复杂的计算任务，满足实时数据处理需求。

处理器单元在车载网络系统网关中承担着多种功能。它负责执行各种控制算法和逻辑，以实现对车辆内部各个子系统的管理和控制。例如，处理器单元可以监控车辆的状态，调节车载系统的参数设置，响应驾驶员的指令等。

处理器单元还负责处理来自各个子系统的数据流，对数据进行处理、分析和转换。车载网络系统中涉及的数据种类繁多，包括车辆诊断数据、导航数据、娱乐系统数据等，处理器单元需要对这些数据进行高效处理，确保数据的及时传输和准确处理。

处理器单元还承担着网络通信的功能。它负责管理车载网络系统的通

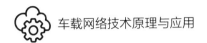

信协议、数据传输、数据路由等。处理器单元能够实现车辆内部各个子系统之间的通信和数据交换，以及与外部设备的连接和通信。

在车载网络系统网关的结构中，处理器单元通常采用多层架构设计。这种设计能够有效地将系统的各个功能模块分离和组织，提高系统的可扩展性和可维护性。处理器单元的多层架构包括应用层、操作系统层、驱动层等，每一层都具有不同的功能和任务。

处理器单元还需要考虑功耗和散热等问题。车载环境对处理器单元的稳定性和耐用性提出了较高的要求，处理器单元需要在极端温度和振动等条件下保持稳定运行，并能够有效地管理能量消耗和散热问题。

2. 存储单元

车载网络系统网关的结构中，存储单元是至关重要的组成部分。存储单元在车载网络系统网关中扮演着存储和管理数据的关键角色，它们负责存储来自各个子系统的数据、配置信息、日志记录、临时缓存等。

存储单元通常由高性能的存储设备构成，如固态硬盘或电子存储芯片。这些存储设备具有较大的存储容量和高速的数据读写能力，能够满足车载网络系统网关对大量数据的存储和处理需求。

存储单元在车载网络系统网关中承担着多种功能。它们用于存储来自各个子系统的数据，包括车辆诊断数据、车载娱乐系统数据、导航系统数据等。这些数据对于车辆的正常运行和维护非常重要，因此需要在存储单元中进行安全可靠的保存。

存储单元还用于存储配置信息和参数设置。车载网络系统网关需要根据实际需求对各个子系统进行配置和管理，这些配置信息包括网络设置、通信协议、安全策略等。存储单元能够保存这些配置信息，以便系统在启动时进行加载和应用。

存储单元还承担着日志记录的功能。车载网络系统网关需要记录各种系统事件和运行状态，包括错误日志、警告信息、通信记录等。这些日志信息对于故障诊断、性能优化和安全监控非常重要，存储单元能够将这些信息安全地存储起来，以备后续分析和处理。

在车载网络系统网关的结构中，存储单元通常采用冗余备份和数据加密等技术来确保数据的安全性和可靠性。冗余备份技术能够将数据存储在多个物理存储设备上，并保持数据的一致性和完整性，以防止数据丢失或损坏。数据加密技术则能够对存储的数据进行加密保护，防止未经授权的访问和窃取。

（二）网关软件组件

1. 网络协议栈

车载网络系统网关的结构涉及网络协议栈的重要概念，它们是车载网络系统中的关键组成部分。

网络协议栈是车载网络系统中用于实现通信和数据传输的软件架构。它由多个层级组成，每个层级负责实现特定的功能和协议。常见的网络协议栈包括 OSI 模型和 TCP/IP 协议栈。

车载网络系统的网关是连接不同网络之间的关键设备。它的主要功能是实现不同网络之间的协议转换和数据转发。车载网络系统通常包括多个不同的网络，如 CAN 总线、LIN 总线、Ethernet 等，这些网络之间的数据交换和通信需要通过网关来实现。

车载网络系统网关的结构包括多个层级。首先是物理层，负责实现数据在不同网络之间的物理传输。其次是数据链路层，负责实现数据帧的传输和错误检测。接下来是网络层，负责实现数据包的路由和转发。最后是应用层，负责实现特定的应用协议和功能。

在车载网络系统中，网关通常包括硬件和软件两个方面。硬件部分包括网关设备和网络接口模块，用于实现物理连接和数据传输。软件部分包括网关控制程序和协议栈实现，用于实现数据转发和协议转换。

车载网络系统网关的工作原理基于网络协议栈的层级结构和协议栈实现。它通过监听网络数据、解析数据包头部信息，并根据目标地址和协议类型进行数据转发和处理。网关还负责实现不同网络之间的协议转换，将

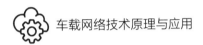

来自一个网络的数据转换成另一个网络的数据格式，从而实现不同网络之间的互联互通。

2. 数据处理模块

车载网络系统网关的结构中，数据处理模块是至关重要的组成部分。该模块负责处理从不同车载网络收集的数据，并将其转换成适当的格式和协议，以便于在车辆内部各个子系统之间进行有效的数据交换和通信。

数据处理模块通常由多个子模块组成，包括数据采集、数据转换、数据过滤、数据路由等。数据采集模块负责从车载网络中收集各种类型的数据，包括车辆诊断数据、传感器数据、娱乐系统数据等。数据转换模块将收集到的数据转换成统一的格式和协议，以便于在不同子系统之间进行交换和共享。数据过滤模块用于过滤和处理数据，排除无关或重复的数据，提高数据的有效性和可用性。数据路由模块则负责将处理后的数据传输到目标子系统，并确保数据能够准确、及时地到达目的地。

在车载网络系统网关的结构中，数据处理模块还需要考虑到网络的安全性和稳定性。它需要实现安全的数据传输和访问控制机制，防止未经授权的访问和数据泄露。同时，数据处理模块还需要具备高可靠性和容错能力，能够在面对网络故障或异常情况时保证系统的正常运行。

数据处理模块的设计和实现需要充分考虑到车辆内部的复杂环境和多样化的数据来源。它需要适应不同类型和格式的数据，并能够灵活地进行数据处理和转换。数据处理模块还需要考虑到数据量的增长和变化，能够有效地应对大规模数据处理和传输的需求。

二、车载网络系统网关的工作原理

（一）数据转换与转发

1. 数据格式转换

车载网络系统网关的工作原理之一是数据格式转换，它是确保车辆内各个子系统之间能够有效交换数据的重要环节。数据格式转换是将来自不同子系统的数据进行解析、调整并重新格式化，以便它们能够在车载网络系统中被正确理解和处理。

数据格式转换涉及对不同数据格式的识别和解析。车载网络系统中的各个子系统通常采用不同的数据格式和协议，包括文本、图像、音频、视频等各种形式的数据格式。数据格式转换模块需要识别并解析这些不同的数据格式，以便进行进一步的处理和转换。

数据格式转换涉及数据的重新编码和调整。由于不同的子系统可能采用不同的数据格式和编码方式，数据格式转换模块需要将数据从一种格式转换为另一种格式，以确保数据能够被目标子系统正确解析和处理。这可能涉及数据结构的调整、数据字段的重新排序、数据类型的转换等操作。

数据格式转换还包括对数据的加工和优化。在数据传输过程中，可能会出现数据丢失、错误或不完整的情况，数据格式转换模块需要对这些问题进行检测和修复，以确保数据的完整性和准确性。这可能包括数据校验、错误纠正、丢失数据的重传等操作。

数据格式转换还需要考虑数据的安全性和隐私保护。车载网络系统中涉及的数据可能包含用户隐私信息、车辆运行状态等敏感数据，数据格式转换模块需要采取相应的安全措施，确保数据在传输和处理过程中不被泄露或被恶意篡改。

在车载网络系统网关的工作原理中，数据格式转换是一个复杂而关键的环节。它需要高效的算法和技术支持，以确保各种数据能够在车辆内部各个子系统之间进行有效的传输和交换。通过合理的数据格式转换，车载网络系统能够实现各个子系统之间的无缝集成和协同工作，为车辆的智能化和网络化提供了重要支持。

2. 数据转发规则

车载网络系统网关的工作原理涉及数据转发规则的制定和实施，这是确保车载网络系统正常运行的关键。

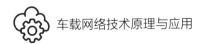

数据转发规则是车载网络系统网关的核心功能之一。它定义了数据在不同网络之间的传输路径和转发方式。在车载网络系统中，不同网络之间的通信需要经过网关进行中转和处理。数据转发规则确定了何时、何地，以及如何转发数据，以确保数据能够按照预期的方式在车载网络系统中流动。

数据转发规则基于网络拓扑结构和通信需求进行设计。数据转发规则需要考虑不同网络之间的连接关系、通信速率、通信协议等因素，以确定数据的转发路径和优先级。

数据转发规则还考虑了数据的目标地址和数据类型。不同类型的数据可能需要经过不同的转发路径和处理方式。例如，控制命令可能需要直接转发到目标设备，而传感器数据可能需要经过一定的处理和筛选后再进行转发。

在车载网络系统网关的工作原理中，数据转发规则的实施涉及网关控制程序和数据转发引擎。网关控制程序负责解析数据包的头部信息，识别数据的目标地址和数据类型，然后根据预先定义的转发规则进行处理。数据转发引擎负责实际的数据转发和路由操作，将数据包从一个网络传输到另一个网络，并确保数据的完整性和安全性。

在实际应用中，数据转发规则可能会根据车辆的特定需求和实际情况进行调整和优化。例如，在车载娱乐系统中，音频数据可能具有更高的优先级和带宽需求，而控制命令可能需要快速响应和低延迟。数据转发规则需要灵活适应不同的应用场景和需求。

（二）网络通信管理

1. 网络拓扑管理

车载网络系统网关的工作原理与网络拓扑管理密切相关。网络拓扑管理是指对车载网络中各个节点之间的连接关系和通信路径进行管理和优化的过程。车载网络系统网关作为车辆内部网络的核心枢纽，扮演着重要的角色，在整个车载网络系统中负责管理和优化网络拓扑结构。

车载网络系统网关通过多种方式来实现网络拓扑管理。它负责识别和管理车载网络中的各个节点和设备，包括传感器、控制单元、娱乐系统等。通过识别和管理各个节点，网关能够了解整个网络的结构和拓扑关系，从而为后续的管理和优化奠定基础。

车载网络系统网关通过监控和分析网络流量和通信模式，来评估和优化网络拓扑结构。它可以分析网络中的数据流向、通信频率、节点间的连接状态等信息，以发现潜在的瓶颈和优化空间。通过调整节点间的连接关系和通信路径，网关能够优化网络拓扑结构，提高网络的性能和稳定性。

车载网络系统网关还负责管理网络中的数据流量和带宽分配。它可以根据网络中各个节点的通信需求和优先级，动态分配带宽资源，以确保重要数据和优先级较高的通信能够得到优先处理和传输。通过合理分配带宽资源，网关能够提高网络的利用率和效率。

车载网络系统网关还扮演着安全防护的角色。它通过监控和检测网络中的异常流量和攻击行为，及时发现并阻止潜在的安全威胁。通过建立安全防护机制和访问控制策略，网关能够保护车载网络系统免受未经授权的访问和攻击。

2. 数据流量控制

车载网络系统网关的工作原理之一是数据流量控制，这是确保在车辆内各个子系统间进行有效、有序的数据传输的关键环节。数据流量控制涉及监测、管理和调节数据在车载网络系统中的流动，以确保系统的稳定性、性能和安全性。

数据流量控制涉及监测数据传输的流量情况。车载网络系统中存在大量的数据，包括来自车辆传感器、娱乐系统、导航系统等各个子系统的数据。数据流量控制模块需要实时监测这些数据流的流量情况，了解各个子系统之间的数据传输速率和负载情况。

数据流量控制需要根据实际情况对数据流进行管理和调节。在车载网

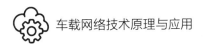

络系统中，某些数据流可能会优先级较高，需要及时传输和处理，而其他数据流则可能可以延迟处理或者被丢弃。数据流量控制模块根据预先设定的策略和规则，对不同优先级的数据流进行调度和管理，以确保系统的整体性能和响应速度。

数据流量控制还需要考虑系统的资源限制和网络带宽。车载网络系统的资源有限，网络带宽有限，需要合理分配和利用。数据流量控制模块根据系统的资源情况和网络带宽，对数据流进行合理的调度和分配，以避免系统资源过度消耗或者网络拥塞导致的性能下降。

数据流量控制还涉及对异常情况的处理和应对。在车载网络系统中，可能会出现数据传输失败、网络中断、数据包丢失等异常情况，数据流量控制模块需要能够及时检测并处理这些异常情况，以确保数据传输的可靠性和稳定性。

在车载网络系统网关的工作原理中，数据流量控制是一个复杂而关键的环节。它需要高效的算法和技术支持，以确保车载网络系统能够在各种复杂的环境和条件下正常运行。通过合理的数据流量控制，车载网络系统能够实现数据的高效传输和处理，保障车辆内部各个子系统之间的有效通信和协作。

第六章　不同车系车载网络系统

第一节　奥迪 A6 轿车车载网络系统

一、CAN 总线系统

（一）CAN 总线系统

1. 发动机控制单元

奥迪 A6 轿车的 CAN 总线系统是一项关键的技术，而发动机控制单元则是其中的重要组成部分。发动机控制单元是奥迪 A6 轿车上的一种电子控制模块，它负责监测、控制和调节发动机的各种运行参数，以确保发动机的高效运行和性能优化。

发动机控制单元通过 CAN 总线系统与奥迪 A6 轿车的各个子系统进行通信和数据交换。CAN 总线系统是一种现代汽车中常用的通信系统，它采用串行通信协议，能够支持多个节点之间的高速数据传输和实时控制。

在奥迪 A6 轿车中，发动机控制单元通过 CAN 总线系统与发动机控制模块、传感器、执行器等各种子系统进行通信。通过 CAN 总线系统，发动机控制单元可以接收来自各个传感器的数据，如发动机转速、油门位置、

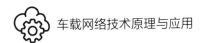

氧传感器反馈等，并根据这些数据实时调整发动机的工作参数，以确保发动机的运行状态达到最佳。

同时，发动机控制单元还可以向其他子系统发送控制指令，如调节燃油喷射量、改变点火时机、控制排放系统等。这些控制指令能够通过 CAN 总线系统快速传输到相应的执行器，从而实现对发动机运行的精确控制和调节。

在奥迪 A6 轿车的 CAN 总线系统中，发动机控制单元起着至关重要的作用，它是整个系统的核心控制单元。发动机控制单元能够根据实时的驾驶条件和环境变化，对发动机进行智能化管理和优化，以提高车辆的燃油经济性、性能和环保性能。

奥迪 A6 轿车的 CAN 总线系统还具有高度的灵活性和可扩展性。通过 CAN 总线系统，不仅可以实现发动机控制，还可以实现车辆稳定性控制、自动驾驶辅助、娱乐系统控制等多种功能。这使得奥迪 A6 轿车能够满足不同驾驶需求和市场趋势的变化。

奥迪 A6 轿车的 CAN 总线系统以及其中的发动机控制单元是现代汽车电子控制技术的重要代表，它们通过高效的通信和数据交换，实现了对车辆各个子系统的智能化控制和管理，为驾驶员提供了更加安全、舒适和便捷的驾驶体验。

2. 制动系统控制单元

CAN 总线系统在奥迪 A6 轿车中充当了车辆内部各个控制单元之间通信的桥梁。制动系统控制单元是 CAN 总线系统中的一个重要节点，它负责监测和控制车辆的制动系统。这个控制单元通过 CAN 总线与其他控制单元保持实时通信，确保车辆的制动系统能够高效、精准地响应驾驶员的制动操作。

CAN 总线系统采用了分布式的通信结构，通过主从节点的方式进行数据传输。制动系统控制单元作为一个从节点，能够接收来自其他主节点和从节点的消息，并向其他节点发送制动系统的状态信息和控制命令。这种分布式的通信结构使得制动系统控制单元能够迅速响应车辆各个部分的实时信息，从而实现对制动系统的精确控制。

制动系统控制单元通过 CAN 总线系统实现对车辆制动系统的监测和调节。当驾驶员进行制动操作时，制动踏板传感器会感知到踏板的压力变化，并将这一信息传输给制动系统控制单元。制动系统控制单元根据接收到的信号，控制制动液压泵，实现制动系统的施加和释放。同时，制动系统控制单元通过 CAN 总线与防抱死系统和电子稳定程序等其他控制单元进行通信，协调各个系统的工作，提高车辆的稳定性和安全性。

在奥迪 A6 轿车的 CAN 总线系统中，制动系统控制单元还能够与车辆的电子助力制动系统（EPB）进行协同工作。当驾驶员使用电子手刹时，制动系统控制单元通过 CAN 总线接收相应的信号，实现对电子助力制动系统的控制。这种协同工作方式使得制动系统能够灵活应对不同驾驶情况，提高了驾驶的舒适性和安全性。

总体而言，奥迪 A6 轿车的 CAN 总线系统中的制动系统控制单元发挥着重要的作用。

（二）LIN 总线系统

LIN 总线系统和奥迪 A6 轿车的 CAN 总线系统是现代汽车中常见的通信系统。LIN（局部互联网络）总线系统通常用于低速和较简单的控制和通信任务，如控制车内灯光、雨刮器等。而 CAN（控制器局域网络）总线系统则用于更复杂的任务，如引擎管理、传感器通信。

奥迪 A6 轿车通常配备了复杂而先进的 CAN 总线系统。CAN 总线系统在奥迪 A6 中扮演着关键的角色，负责管理和协调车辆内部各种系统和部件的通信和控制。

在奥迪 A6 轿车中，CAN 总线系统被广泛应用于车辆的各个方面，包括引擎管理、变速箱控制、刹车系统、安全气囊系统等。CAN 总线系统通过连接各个控制单元和传感器，实现了车辆内部各个系统之间的高效通信

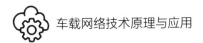

和数据交换。

奥迪 A6 轿车的 CAN 总线系统采用了多个 CAN 总线的架构，包括主 CAN 总线和备用 CAN 总线。主 CAN 总线负责处理车辆的基本控制和通信任务，而备用 CAN 总线则作为冗余通道，用于在主 CAN 总线出现故障时保证系统的稳定性和可靠性。

在奥迪 A6 轿车中，CAN 总线系统还配备了先进的诊断和监控功能。通过监测 CAN 总线上的数据流量、节点状态和通信状态，系统能够及时发现并诊断潜在的故障和问题，从而确保车辆能够安全、稳定地运行。

与 CAN 总线系统相比，LIN 总线系统在奥迪 A6 轿车中通常用于一些辅助功能的控制和通信任务，如控制车内照明、电动窗户等辅助设备。LIN 总线系统通常具有较低的数据传输速率和较简单的通信协议，适用于一些不需要高速和复杂通信的场景。

奥迪 A6 轿车的 CAN 总线系统和 LIN 总线系统共同构成了车辆内部复杂的通信和控制网络。CAN 总线系统负责处理车辆的核心控制和通信任务，而 LIN 总线系统则用于辅助功能的控制和通信。这些系统的合理设计和运行，保证了奥迪 A6 轿车的安全、稳定和高效运行。

二、奥迪 A6 轿车车载网络系统的功能与特点

（一）功能特点

1. 高度集成的电子控制单元

奥迪 A6 轿车的车载网络系统以其高度集成的电子控制单元而闻名。这种电子控制单元是该车载网络系统的核心组件，它集成了多种功能，并具有独特的特点，使奥迪 A6 轿车在汽车行业中脱颖而出。

奥迪 A6 轿车的车载网络系统具有高度集成的特点。通过电子控制单元，车载网络系统能够实现对车辆各个子系统的智能化管理和控制，包括发动机控制、车辆稳定性控制、驾驶辅助系统、娱乐系统等。这些子系统

通过车载网络系统进行数据交换和通信，相互协作，共同为驾驶员提供更加安全、舒适和便捷的驾驶体验。

奥迪 A6 轿车的车载网络系统具有多功能性。通过电子控制单元，车载网络系统能够实现多种功能，包括但不限于车辆诊断、故障检测、数据存储和处理、信息娱乐、导航系统等。这些功能的实现使得奥迪 A6 轿车成为一款具有先进科技和高度智能化的汽车产品。

奥迪 A6 轿车的车载网络系统具有高效性和可靠性。通过电子控制单元，车载网络系统能够实现对车辆运行状态的实时监测和管理，及时发现并解决潜在的故障和问题，保障车辆的安全性和稳定性。同时，车载网络系统还具有高效的数据处理能力和快速的响应速度，为驾驶员提供流畅的驾驶体验。

奥迪 A6 轿车的车载网络系统具有高度的灵活性和可扩展性。通过电子控制单元，车载网络系统能够支持各种外部设备和接口的连接，包括手机、平板电脑、智能手表等，从而实现与外部设备的无缝互联和数据共享。这种灵活性和可扩展性使得奥迪 A6 轿车能够适应不断变化的市场需求和消费者需求。

奥迪 A6 轿车的车载网络系统以其高度集成的电子控制单元为特点，具有多功能性、高效性、可靠性、灵活性、可扩展性等优势。这使得奥迪 A6 轿车成为一款备受消费者青睐的高端汽车产品，为驾驶员提供了安全、舒适和智能化的驾驶体验。

2. 多功能车载信息娱乐系统

奥迪 A6 轿车搭载的多功能车载信息娱乐系统在车载网络系统中扮演着至关重要的角色，其功能与特点深刻影响着驾驶者的用车体验。

多功能车载信息娱乐系统是奥迪 A6 轿车车载网络系统中的核心组件之一。该系统集成了丰富的功能，旨在为驾驶者提供更便捷、智能的车载体验。多功能车载信息娱乐系统包含了导航功能，能够提供准确的导航信息，帮助驾驶者轻松规划路线。多功能车载信息娱乐系统还具备音频和视频娱乐功能，支持多媒体播放，使得驾驶者在行车途中能够享受高质量的

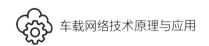

音乐和视频娱乐。多功能车载信息娱乐系统还集成了蓝牙技术，支持无线连接手机，实现免提通话和音乐播放，提升了通信和娱乐的便捷性。在车载网络系统中，多功能车载信息娱乐系统通过 CAN 总线与其他控制单元进行实时通信，与车辆的其他系统协同工作，如与制动系统、发动机控制单元等协同，以实现更智能的车辆控制。

在奥迪 A6 轿车车载网络系统中，多功能车载信息娱乐系统的特点之一是人机交互界面的设计。该系统采用直观的触摸屏操作，使得驾驶者能够轻松地浏览和选择各种功能。多功能车载信息娱乐系统还支持语音控制，使得驾驶者能够通过语音指令来操控系统，提高了驾驶者在驾驶途中的安全性和便捷性。多功能车载信息娱乐系统还具备自学习功能，根据驾驶者的使用习惯和喜好，调整和优化系统的操作界面和推荐内容，为驾驶者提供更加个性化的使用体验。

多功能车载信息娱乐系统还具备高度的可扩展性。该系统支持与车辆外部设备和服务的连接，例如，与智能手机、车载摄像头等的连接。通过这种可扩展性，驾驶者可以享受到更多的功能和服务，使得车载体验更为全面和丰富。

总体而言，奥迪 A6 轿车车载网络系统中的多功能车载信息娱乐系统凭借其丰富的功能、直观的人机交互界面、可扩展性以及与其他车载系统的协同工作，为驾驶者提供了一体化、智能化的用车体验。这使其成为奥迪 A6 轿车中不可或缺的一部分，为车辆的智能驾驶和驾乘舒适性提供了坚实的技术支持。

（二）网络通信技术

1. CAN 总线和 LIN 总线的结合应用

奥迪 A6 轿车的车载网络系统集成了 CAN 总线和 LIN 总线的结合应用，以实现车辆内部的高效通信和控制。CAN 总线被用于处理复杂的控制和数据传输任务，而 LIN 总线则用于辅助功能的控制和通信，两者相互配合，使得奥迪 A6 轿车的车载网络系统具有多样化的功能和特点。

奥迪 A6 轿车的 CAN 总线系统在车辆的核心控制和通信中发挥着重要作用。CAN 总线系统被广泛应用于引擎管理、变速箱控制、刹车系统、安全气囊系统等重要部件和系统中。通过 CAN 总线系统，这些系统能够实现高速、可靠的数据传输和通信，保证了车辆的安全性、稳定性和性能。

奥迪 A6 轿车的 LIN 总线系统用于处理辅助功能的控制和通信任务。LIN 总线系统通常应用于车内照明、电动窗户、座椅调节等辅助设备的控制中。相比于 CAN 总线，LIN 总线系统具有较低的成本和复杂度，适用于一些不需要高速和复杂通信的场景，有效降低了系统的成本和复杂度。

奥迪 A6 轿车的车载网络系统还具有诊断和监控功能，能够实时监测车辆内部各个系统和节点的状态和通信情况。通过监测 CAN 总线和 LIN 总线上的数据流量、节点状态和通信状态，系统能够及时发现并诊断潜在的故障和问题，保证车辆的安全性和稳定性。

奥迪 A6 轿车的车载网络系统还具有高度的扩展性和灵活性。CAN 总线和 LIN 总线的结合应用使得系统能够灵活适应不同的通信需求和功能要求。随着汽车技术的不断发展和更新，车载网络系统能够通过升级和扩展来满足新的功能和性能需求，为车辆提供持续更新和优化的服务。

奥迪 A6 轿车的车载网络系统集成了 CAN 总线和 LIN 总线的结合应用，具有高效的通信和控制能力，同时还具有诊断监控功能、高度的扩展性和灵活性等特点。这些特点使得奥迪 A6 轿车在市场上具有竞争优势，能够满足消费者对于安全性、性能和便利性的需求。

2. 车辆对车辆通信技术

奥迪 A6 轿车的车载网络系统集成了先进的车辆对车辆通信技术（V2V），这一技术使得车辆能够相互通信并共享信息，为驾驶者提供了更加智能化和安全的驾驶体验。

V2V 技术的功能之一是实现车辆之间的实时通信。通过车载网络系统中的 V2V 模块，奥迪 A6 轿车能够与周围的其他车辆进行实时通信，共享

车载网络技术原理与应用

车辆的位置、速度、方向等信息。这种实时通信能够帮助驾驶者更好地了解周围交通状况，及时作出反应并调整行驶路线。

V2V 技术可以提高车辆的安全性。通过车辆之间的实时通信，奥迪 A6 轿车能够及时获得周围车辆的状态信息，如紧急制动、车辆故障等，从而避免潜在的碰撞和事故。V2V 技术还可以实现车辆之间的协同行驶，例如，在交叉路口进行合理的交叉调度，从而减少交通拥堵和交通事故的发生。

V2V 技术还可以提供高级驾驶辅助功能。通过车载网络系统中的 V2V 模块，奥迪 A6 轿车可以与其他车辆共享路况信息、道路限速等数据，从而实现更加智能的自适应巡航控制、车道保持辅助等功能。这些高级驾驶辅助功能能够提高驾驶者的驾驶舒适度和安全性。

V2V 技术在奥迪 A6 轿车中的应用使得车载网络系统还具有高度可扩展性和灵活性。通过车载网络系统，可以灵活地更新和升级 V2V 模块的软件和硬件，以适应不断变化的交通环境和技术需求。同时，车载网络系统还支持与其他车辆通信技术的互操作性，如车辆对基础设施通信（V2I）、车辆对行人通信（V2P）等，进一步提升了车辆的智能化水平。

先进的车辆对车辆通信技术（V2V）的应用使得奥迪 A6 轿车在汽车行业中保持了先进性和竞争力，为未来智能交通系统的发展奠定了坚实的基础。

第二节　通用车系车载网络系统

一、通用车系车载网络系统的结构与组成

（一）CAN 总线系统

1. CAN 总线概述

CAN 总线是一种广泛应用于汽车和其他工业领域的串行通信协议。它

是一种可靠、高效的通信方式，用于连接车辆中的各种控制单元和传感器。

通用车系车载网络系统的结构与组成是多层次的、复杂的。通用车系车载网络系统通常包括多个子系统，如动力系统、底盘系统、车身系统等。每个子系统都包含一组控制单元和传感器，负责监控和控制相关功能。

通用车系车载网络系统的结构通常采用分布式的拓扑结构。这意味着各个子系统之间通过一个或多个总线进行连接和通信。CAN 总线是其中最常用的总线类型之一，用于连接各种控制单元和传感器，实现数据的传输和交换。

通用车系车载网络系统的组成包括多个关键部件。其中，控制单元是系统中的核心组件之一，负责执行各种控制和决策功能。传感器是另一个重要的组成部分，用于监测车辆各个部件的状态和环境条件。执行器则负责根据控制单元的指令执行相应的操作，例如，控制发动机输出功率或者调节制动力度。

通用车系车载网络系统还包括一些额外的组件和模块，用于实现特定的功能和服务。例如，车载娱乐系统提供音频和视频娱乐功能，导航系统提供定位和导航服务，安全系统提供车辆防盗和碰撞预防功能等。

在通用车系车载网络系统中，各个子系统和组件之间通过总线进行数据交换和通信。CAN 总线作为一种高效可靠的通信方式，被广泛应用于车载网络系统中。它支持高速数据传输和多节点连接，并具有良好的抗干扰能力和实时性能。

通用车系车载网络系统的结构与组成是一个复杂而多样化的系统，包括多个子系统、控制单元、传感器、执行器，以及各种功能模块和服务。CAN 总线作为一种重要的通信方式，扮演着连接各个部件和子系统的关键角色，促进车载网络系统的高效运行和功能实现。

2. CAN 总线系统组成部分

通用车系车载网络系统的结构及其组成部分是汽车电子控制系统的重要组成部分，它负责管理和协调车辆内部各个功能和子系统之间的通信和

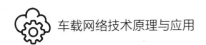

控制。通用车系车载网络系统主要由以下几个组成部分构成。

第一，控制单元。控制单元是车载网络系统的核心，负责管理和控制车辆内部各个子系统和设备之间的通信和数据传输。控制单元通常包括中央控制器、电子控制单元、车载计算机等，它们根据车辆的不同功能和要求，分别负责对车辆的动力系统、底盘系统、车身系统等控制任务。

第二，通信总线。通信总线是车载网络系统中用于数据传输和通信的基础设施，它连接了车辆内部各个控制单元和节点设备。常见的通信总线包括 CAN 总线、LIN 总线、FlexRay 总线等，它们具有不同的传输速率、带宽和应用范围，能够满足车辆内部不同功能和性能要求的通信需求。

第三，节点设备。节点设备是连接到通信总线上的各个子系统和传感器，负责收集和传输车辆内部的各种数据和信息。节点设备包括发动机控制单元、刹车控制单元、空调控制单元、安全气囊系统、娱乐系统、驾驶辅助系统等，它们通过通信总线和控制单元进行数据交换和通信。

第四，传感器和执行器。传感器负责感知车辆周围的环境和状态，如温度传感器、压力传感器、光学传感器等，并将感知到的数据传输给控制单元进行处理和分析。执行器负责执行控制单元下达的指令，如电动马达、执行阀、执行器等，并根据控制单元的指令进行相应的动作和操作。

第五，人机交互界面。人机交互界面是驾驶员和乘客与车载网络系统进行交互和控制的接口，包括车载显示屏、按钮、旋钮、触摸屏、语音识别系统等。人机交互界面提供了直观、便捷的操作方式，使驾驶员和乘客能够轻松地控制车辆的各项功能和系统。

这些部分的协作实现了车辆内部各个功能和子系统之间的高效通信和控制，为驾驶员和乘客提供了安全、舒适的驾驶体验。

（二）LIN 总线系统

LIN 总线系统也在车载网络系统中扮演着重要的角色。LIN 总线系统由多个组件构成，每个组件都发挥着特定的功能，共同构建了车载网络系统的完整框架。

LIN 总线系统的核心组成部分是 LIN 总线主控制器。这个控制器是整个 LIN 总线系统的主要管理者，负责协调和控制 LIN 总线上的数据交换和通信。它能够监测总线上的数据流量、检测错误和冲突，并确保数据的稳定传输。

LIN 总线系统中的节点是关键的组成部分。节点可以是传感器、执行器、控制模块等，它们通过 LIN 总线与主控制器进行通信和数据交换。每个节点都有自己的地址和标识符，以便主控制器能够准确识别和定位它们，并向其发送指令或接收数据。

LIN 总线系统中还包括电源模块。电源模块负责为 LIN 总线系统提供稳定的电力供应，以确保系统的正常运行。它可以对电池电压进行监测和调节，保证系统在各种工作条件下都能够获得足够的电力支持。

LIN 总线系统中的诊断模块也是至关重要的。诊断模块能够监测和识别 LIN 总线系统中的故障和问题，并向主控制器提供相关的错误信息和警报。这有助于及时发现和解决潜在的问题，保证车辆系统的稳定性和可靠性。

LIN 总线系统还包括连接线路和接口。连接线路负责将各个节点和组件连接起来，构建起 LIN 总线的物理结构。接口则充当着节点与总线之间的桥梁，负责数据的传输和转换，确保各节点之间能够有效地进行通信。

通用车系车载网络系统的结构与组成涉及 LIN 总线系统的多个组件，这些组件共同构建了一个完整而稳定的车载网络系统，为车辆的正常运行和安全性提供了坚实的基础。

二、通用车系车载网络系统的功能与特点

（一）实时数据交换

1. CAN 总线系统的实时性能

通用车系车载网络系统是现代汽车中的关键组成部分，其中的 CAN 总

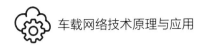

线系统发挥着重要作用。CAN 总线系统的实时性能是其功能与特点之一。

CAN 总线系统具有高度的实时性能。它能够以非常快的速度传输数据，并且在整个系统中实时同步各个节点的信息。这种实时性能使得车载网络系统能够快速响应车辆各个子系统的指令和要求，确保车辆在各种复杂的驾驶情况下能够稳定运行。

CAN 总线系统具有高度的可靠性和稳定性。它采用了差分信号传输和冗余机制，能够有效地抵抗电磁干扰和噪声干扰，保证数据传输的稳定性和可靠性。这种可靠性和稳定性使得车辆的各个子系统能够长时间运行，不受外界环境的影响。

CAN 总线系统具有灵活的拓展性和可配置性。它可以轻松地支持不同类型的传感器、执行器和控制模块的接入，从而满足不同车型和配置的需求。这种灵活性和可配置性使得车载网络系统能够适应不断变化的技术和市场需求，保持领先地位。

CAN 总线系统还具有高度的安全性。它采用了加密和认证等安全措施，保护数据的完整性和机密性，防止未经授权的访问和攻击。这种安全性保障了车载网络系统的稳定运行，防止了恶意攻击和数据泄露等安全问题的发生。

CAN 总线系统具有低功耗和高效能的特点。它能够在保证实时性能的同时，最大限度地减少能耗，提高系统的能效。这使得车载网络系统能够更加节能环保，延长车辆的使用寿命。

2. LIN 总线系统的数据传输特性

LIN 总线系统的数据传输特性表现在其低成本、低速率和简单性上。这种总线系统常用于较简单的车载网络应用，如门控制、天窗控制。与其他车载总线系统相比，LIN 总线具有较低的成本，使其在车辆的辅助功能控制中具有广泛的应用。

通用车系车载网络系统具有多种功能与特点。它们包括多个子系统，如动力系统、底盘系统、车身系统等，这些子系统相互关联，共同协作以确保车辆的正常运行和安全性。车载网络系统具有分布式的结构，各个子系统通过总线连接，实现数据和信息的交换与共享。这种分布式结构提高了系统的稳定性和可靠性，并降低了单点故障的影响。

通用车系车载网络系统具有良好的扩展性和灵活性。随着车辆功能的不断增加和技术的不断发展，车载网络系统能够轻松地集成新的功能和服务，从而满足不断变化的需求。这种灵活性使得车辆能够适应不同的市场和用户需求，提高了其竞争力和市场占有率。

通用车系车载网络系统还具有高度的安全性和可靠性。系统采用先进的数据传输和通信协议，具有良好的抗干扰能力和实时性能，能够确保数据的准确传输和处理。同时，系统还采用多重备份和故障恢复机制，以防止单点故障对系统的影响，并确保车辆在任何情况下都能够安全运行。

总体而言，通用车系车载网络系统是车辆中的核心部件，承担着监控、控制和管理车辆各种功能和系统的重要任务。它使得车辆能够实现智能化、高效化和安全化的运行，提高了驾驶者和乘客的舒适性和便利性，推动了汽车科技的不断进步和发展。

（二）车辆控制和监测

1. 发动机控制与监测

车载网络系统作为现代汽车中至关重要的一部分，扮演着连接各个车辆子系统的关键角色。其中，发动机控制与监测系统在这一网络中占据着至关重要的地位。该系统的功能与特点不可忽视。

发动机控制系统是车辆的"大脑"，负责监测和管理发动机的各种参数和功能。它通过传感器收集关于发动机运行状态的数据，并根据这些数据进行实时的调整和控制。这种实时的响应性使得发动机能够在不同工况下保持高效的运行状态，提高了车辆的性能和燃油经济性。

发动机监测系统通过持续监测发动机的各项参数，能够及时发现并处理发动机可能存在的问题。这种实时监测和故障诊断功能，可以帮助

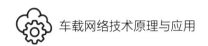

车主和维修人员迅速发现并解决发动机故障，保障了车辆的安全性和可靠性。

发动机控制与监测系统还具有智能化和网络化的特点。随着车辆的智能化水平的不断提升，发动机控制系统也具备越来越强自学习和自适应的能力，能够根据驾驶习惯和环境条件进行优化调整，提供更加个性化的驾驶体验。同时，作为车载网络系统的一部分，发动机控制与监测系统能够与其他车辆子系统实现信息共享和协同工作，提升了整车系统的综合性能。

发动机控制与监测系统作为通用车系车载网络系统的重要组成部分，具有实时响应、故障诊断、智能化、网络化等特点，为车辆的性能、安全性和可靠性提供了重要保障。

2. 制动系统控制与监测

车载网络系统是现代汽车中的关键部件之一，其功能与特点在制动系统控制与监测方面尤为重要。制动系统控制与监测通用车系车载网络系统的功能与特点体现在其高效、智能和可靠的性能上。

该系统具有高效性能。通过车载网络系统，制动系统能够实现快速、精准的控制，确保车辆在各种驾驶条件下都能够及时、安全地实现制动。这种高效性能体现在系统的响应速度和制动力分配的精准性上，使驾驶员能够更加轻松地掌控车辆的情况，提升行车安全性。

该系统具有智能化特点。借助车载网络系统，制动系统能够实现对车辆制动状态的实时监测和分析，根据不同的驾驶情况和路况变化，自动调整制动力分配，以实现最佳的制动效果。这种智能化特点使得车辆能够更加智能地应对复杂的驾驶环境，提升了整车的驾驶性能和安全性。

该系统具有可靠性能。车载网络系统采用了先进的故障诊断和容错机制，能够及时发现并排除制动系统可能存在的故障，保障车辆制动系统的正常运行。同时，系统还具备数据备份和恢复功能，确保在发生意外情况时能够迅速恢复到正常工作状态，保障驾驶员和乘客的安全。

三、别克荣御轿车车载网络系统

（一）车型概述

别克荣御轿车以其独特的设计和出色的性能著称于世。荣御采用了别克品牌的经典设计语言，线条流畅，外观大气。车身的比例和曲线设计使得它既显得高雅大气，又不失运动感。

其内饰设计精致，采用高品质材料打造，营造出舒适奢华的驾乘环境。豪华真皮座椅舒适柔软，提供了极佳的支撑作用和舒适性。仪表盘采用了全数字化设计，清晰易读，功能丰富。中控台配备了大尺寸触控屏幕，操作简便便捷。整车内饰注重细节处理，每一处都体现出匠心独运的设计理念。

荣御轿车搭载了高性能动力系统，动力强劲稳定。配备了先进的发动机和智能化变速箱，提供了顺畅的驾驶感受和优异的燃油经济性能。车辆悬挂系统经过精心调校，保证了在各种路况下的平稳性和舒适性。

安全性能是荣御轿车的一大亮点。车辆配备了全方位的安全系统，包括主动安全和被动安全功能。智能驾驶辅助系统能够及时发现并避免潜在的危险，提高了驾驶的安全性。而多重安全气囊和高强度车身结构也提高了驾驶安全性。

（二）技术特点

别克荣御轿车采用了先进的动力系统。其搭载了高性能的发动机和智能化的变速器，使得车辆在动力输出和燃油效率方面表现出色。这种动力系统的设计不仅提升了车辆的驾驶性能，同时也保证了车辆在各种路况下的稳定性和可靠性。

别克荣御轿车注重驾驶体验和舒适性。该车配备了先进的悬挂系统和隔音技术，有效地减轻了车辆在行驶过程中的颠簸感和噪声，为驾乘人员

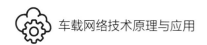

营造了舒适的驾驶环境。无论是长途旅行还是城市驾驶，都能够让驾驶员和乘客感受到舒适愉悦的驾驶体验。

别克荣御轿车还注重安全性能。其配备了先进的安全系统，包括车辆稳定控制系统、主动刹车辅助系统、盲点监测系统等，有效地提升了车辆在紧急情况下的应对能力和驾驶安全性。这些安全系统的应用使得别克荣御轿车成为一款值得信赖的汽车，为驾驶员和乘客的安全保驾护航。

别克荣御轿车还具备智能化特点。其配备了先进的车载信息娱乐系统和智能驾驶辅助系统，为驾驶员提供了丰富的信息和便捷的驾驶体验。无论是导航、音乐还是语音识别，都能够帮助驾驶员更好地掌控车辆，提升驾驶乐趣和便利性。

别克荣御轿车以其先进的技术特点和卓越的性能表现，成为了一款备受消费者青睐的豪华轿车。其动力系统、驾驶体验、安全性能和智能化功能使其在竞争激烈的汽车市场中独树一帜，为消费者带来了全新的驾驶享受。

（三）车载网络系统

1. 车载娱乐系统

（1）多媒体功能

别克荣御轿车的车载网络系统提供了丰富的多媒体功能，使得驾驶者和乘客能够在行驶中享受到更加便捷和愉悦的车内体验。

该系统配备了一块高分辨率的液晶触摸屏，大小适中，操作简便。驾驶者可以通过触摸屏轻松地控制车内音频、视频和导航系统，而无需分神去寻找复杂的按钮或旋钮。

别克荣御轿车的车载网络系统支持多种媒体格式，包括音频、视频、图片等。乘客可以通过连接蓝牙或 USB 接口，播放自己喜爱的音乐或视频，带来更加个性化的娱乐体验。

该系统还集成了智能语音识别功能，可以根据驾驶者的口令进行操作。

这种智能交互方式大大提高了驾驶者的驾驶安全性，避免了因操作车载系统而分散注意力导致的危险。

别克荣御轿车的车载网络系统还具备车辆远程控制功能。驾驶者可以通过手机应用远程锁车、解锁、开启空调等操作，为用户带来更加便捷的车辆管理体验。

总体而言，别克荣御轿车的车载网络系统通过丰富的多媒体功能和智能化的交互设计，为驾驶者和乘客提供了更加便捷、舒适和安全的车内体验。

（2）蓝牙连接

蓝牙连接在别克荣御轿车车载网络系统中扮演着至关重要的角色。它作为一种无线通信技术，使得驾驶者能够与车载系统进行无缝连接，从而实现各种功能和服务。蓝牙连接使得驾驶者可以轻松地将他们的移动设备，如智能手机或平板电脑，与车载系统配对。这种连接不仅提供了便捷性，还提供了更安全的驾驶体验，因为驾驶者不必分心去寻找连接线或者操作设备。

蓝牙连接还为别克荣御轿车的车载网络系统带来了更广泛的功能和服务。通过蓝牙连接，驾驶者可以享受到音乐播放、电话通话、导航指引等多种功能。例如，驾驶者可以通过蓝牙连接将他们喜爱的音乐从手机或其他设备传输到车载音响系统，从而在行驶过程中享受到高品质的音乐体验。同时，蓝牙连接还使得驾驶者可以通过车载系统实现免提通话，从而提高了驾驶的安全性和便利性。

蓝牙连接为别克荣御轿车的车载网络系统提供了更多的可扩展性和升级性。随着技术的不断发展和更新，蓝牙连接可以通过软件更新等方式进行升级，从而为驾驶者带来更多新的功能和服务。这种灵活性和可升级性使得别克荣御轿车的车载网络系统能够跟上时代的步伐，满足驾驶者不断变化的需求和期待。

蓝牙连接在别克荣御轿车的车载网络系统中扮演着不可或缺的角色，

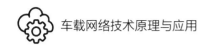

它为驾驶者提供了更便捷、更安全、更丰富的驾驶体验，并且为车载系统的可扩展性和升级性提供了坚实的基础。

2. 实时交通信息

（1）语音导航

别克荣御轿车的车载网络系统具备先进的语音导航功能，为驾驶者提供了便捷的导航服务。这一系统集成了高精度的地图数据和智能语音识别技术，使得驾驶者能够通过简单的语音指令获取准确的导航信息。无需分散注意力去操作导航系统，驾驶者可以更加专注于驾驶过程，提高了行车安全性。

荣御轿车的语音导航系统还具备智能学习功能，能够根据驾驶者的使用习惯和行车偏好提供个性化的导航建议。通过分析驾驶者的行车路线和停留地点，系统能够为驾驶者提供更加智能的路线规划，减少了行车时间和路程，提升了驾驶体验。

除了提供基本的导航功能外，荣御轿车的语音导航系统还整合了丰富的周边信息和服务功能。驾驶者可以通过语音指令查询附近的餐厅、加油站、酒店等地点信息，并获取相关的评价和推荐。这为驾驶者提供了更加便捷的出行服务，满足了他们在行车过程中的各种需求。

同时，荣御轿车的语音导航系统还支持实时交通信息和路况提示功能。通过接收交通信息和实时路况数据，系统能够及时提醒驾驶者避开拥堵路段，选择更加畅通的行车路线，节省时间和燃油消耗。这种实时交通导航功能大大提高了驾驶者的出行效率，使他们能够更加轻松地应对复杂的交通环境。

总体来说，别克荣御轿车的车载网络系统配备的语音导航功能具有准确、智能、便捷的特点，为驾驶者提供了全方位的导航服务，提升了驾驶体验和行车安全性。

（2）电子地图

别克荣御轿车的车载网络系统集成了先进的电子地图功能，为驾驶者提供了便捷的导航服务。

这一系统的关键特点之一是具备高精度的地图数据。别克荣御轿车的车载网络系统利用先进的地图数据采集技术，不断更新地图信息，确保用户获取到的地图数据精准可靠。这使得驾驶者能够准确地了解道路情况，避免迷路和错过路口，提升驾驶的便利性和安全性。

别克荣御轿车的车载网络系统还具备智能路线规划功能。系统能够根据用户设定的目的地及实时交通信息，智能规划最佳的驾驶路线，避开拥堵路段，缩短行车时间。这种智能路线规划功能很大程度上提升了驾驶者的出行效率，使驾驶更加轻松和愉悦。

除此之外，该系统还融合了语音导航功能。驾驶者可以通过语音指令告诉系统目的地，系统会自动规划最佳路线并通过语音提示驾驶者如何前往。这种语音导航功能不仅方便了驾驶者的操作，还能够防止驾驶时分心，提高了行车安全性。

别克荣御轿车的车载网络系统还具备实时交通信息功能。该系统能够通过网络实时获取道路交通状况，包括拥堵情况、事故信息等，及时提醒驾驶者并调整行车路线，避免受到交通拥堵的影响，保障行车顺畅。

别克荣御轿车的车载网络系统集成了先进的电子地图功能，具备高精度的地图数据、智能路线规划、语音导航和实时交通信息等特点，为驾驶者提供了便捷、智能的导航服务，提升了驾驶的便利性和安全性。

3. 车辆诊断系统

（1）故障码诊断

别克荣御轿车的车载网络系统是一项复杂的技术，其故障码诊断功能对于保障车辆的正常运行至关重要。

该系统能够自动检测车辆各个部件的运行状况，并在出现异常时生成相应的故障码。这些故障码通过连接车载诊断接口，可以被专业的汽车维修技师读取和解析。

每个故障码都对应着特定的问题，可能涉及发动机、传动系统、刹车系统等各个方面。通过读取故障码，维修技师能够快速定位到车辆存在的问题，并采取相应的修复措施。

值得注意的是，故障码诊断并不仅局限于车载网络系统本身，它还可以涵盖到与之相关的其他系统和部件。例如，当车载网络系统检测到发动机出现异常时，可能会生成相应的故障码，提示可能存在的发动机故障。

对于车主来说，当车载网络系统显示出故障码时，可以及时将车辆送至专业的汽车维修机构进行诊断和修复。及时解决故障码所指示的问题，有助于确保车辆的安全性和可靠性，避免因故障而导致的意外事故发生。

别克荣御轿车的车载网络系统通过故障码诊断功能，为车主提供了一种及时发现和解决车辆问题的途径，保障了车辆的正常运行和行车安全。

（2）实时监测功能

别克荣御轿车的车载网络系统中的实时监测功能是一项非常重要的功能。这项功能可以让驾驶者随时随地监测车辆的各种状态和参数，以确保车辆的安全性和性能。实时监测功能通过传感器和数据处理技术，能够监测到发动机状态、车速、油耗、轮胎压力等多种信息，并将这些信息实时显示在车载系统的屏幕上。

实时监测功能不仅可以帮助驾驶者及时发现车辆可能存在的问题，还可以提供实时的驾驶辅助和提示。例如，如果监测到轮胎压力过低，车载系统会发出警报提示驾驶者及时检查并加气，以避免因为轮胎问题而造成的安全隐患。实时监测功能还可以帮助驾驶者更好地掌握车辆的性能和状况，从而做出更加明智的驾驶决策，提高驾驶的安全性和经济性。

除了对车辆状态的监测外，实时监测功能还可以与其他系统进行集成，实现更多的智能功能。例如，它可以与导航系统集成，根据车辆当前的位置和行驶状态，提供实时的路况信息和路线建议，帮助驾驶者选择最优的行驶路线。实时监测功能还可以与车辆的远程控制系统进行集成，使驾驶者能够远程监测和控制车辆，如远程启动、锁车等功能，提升车辆的智能化和便利性。

别克荣御轿车车载网络系统中的实时监测功能为驾驶者提供了全方位的车辆监测和驾驶辅助服务，能够帮助驾驶者及时发现和解决车辆问题，提高驾驶的安全性、经济性和舒适性。

四、通用其他车型车载网络系统

（一）车载网络系统架构

车载网络系统是现代汽车中的关键组成部分，它承担着连接车辆内部各个子系统，以及车辆与外部环境之间通信的重要任务。该系统的架构设计涉及多个层次和模块，旨在实现高效、稳定、安全的数据交换和信息共享。

车载网络系统通常包括物理层、数据链路层、网络层、应用层等组成部分。物理层负责传输数据的物理介质和接口，如 CAN 总线、LIN 总线、以太网等。数据链路层负责数据的传输和流控制，确保数据的可靠传输。网络层则负责数据的路由和转发，实现车辆内部各个子系统之间的通信。应用层提供了各种车辆功能和服务，如车载娱乐系统、车辆诊断系统等。

车载网络系统的架构设计还考虑到了实时性、可靠性、安全性等方面的需求。为了实现实时数据传输和处理，系统通常采用了分布式架构，将功能模块分布在不同的子系统中，并通过网络层进行数据交换和协调。在保证实时性的同时，系统还需要考虑数据的可靠性和完整性，采用了多种错误检测和纠正技术，如 CRC 校验、冗余数据传输等。为了保护车载网络系统免受恶意攻击和非法入侵，系统还应该具备安全防护机制，如加密通信、访问控制等。

（二）车辆网络安全性

车辆网络安全性是当今汽车工业中至关重要的一个方面，而车载网络系统则是这一安全性的核心组成部分。通过采用一系列安全性特点和措施，

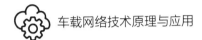

车载网络系统能够有效地防范各种安全威胁，保障汽车和乘客的安全。

车载网络系统是指汽车中用于连接和控制车辆各个部件的网络系统。它涵盖了发动机控制单元、制动系统、驾驶辅助系统等各种控制单元，以及与之相连的传感器、执行器等设备。这一系统的作用类似于汽车的神经系统，通过网络连接各个部件，使得车辆能够实现各种功能，完成各种控制。

随着汽车网络化和智能化的发展，车载网络系统也面临着越来越多的网络安全威胁。由于车载网络系统与互联网连接，使得它容易受到黑客攻击和恶意入侵。这些攻击可能导致汽车失控、泄露个人隐私信息甚至威胁乘客和道路安全。

为了应对这些安全挑战，车载网络系统需要具备一系列安全性特点。它需要具备防火墙和入侵检测系统，以阻止未经授权的访问和恶意攻击。车载网络系统需要采用加密技术对数据进行加密传输，保障数据的机密性和完整性。系统还需要具备身份认证和访问控制机制，确保只有经过授权的用户才能够访问和操作车载网络系统。

除了技术上的安全措施，车载网络系统的安全性还需要从整个生命周期的角度来考虑。这包括在设计和开发阶段就考虑安全性需求，采用安全设计原则和最佳实践；在生产和部署阶段对系统进行安全审查和测试，确保系统的稳定性和可靠性；以及在使用和维护阶段持续监测和更新系统，及时应对新的安全威胁和漏洞。

（三）通用车型车载网络系统

1. 导航与地图系统

（1）实时交通信息

通用车型的车载网络系统配备了实时交通信息功能，为驾驶者提供了实时的路况信息，帮助他们更加高效地规划行车路线。

这项功能通过 GPS 和互联网连接，实时获取道路交通情况，并将其显示在车载导航系统上。驾驶者可以在导航界面上看到道路拥堵、事故、施工等信息，以及实时的交通流量情况。

实时交通信息功能不仅可以帮助驾驶者选择最快捷的路线，避开拥堵和事故现场，还可以提前预知交通状况，做好行车计划。这有助于节省时间和燃料成本，提高行车效率。

通用车型的车载网络系统还可以根据实时交通信息提供智能的导航建议。当出现交通拥堵或事故时，系统会自动重新规划最优路线，并提供相关的导航指引，帮助驾驶者尽快到达目的地。

除了提供实时交通信息外，该系统还可以与其他车辆和交通管理中心进行数据交换，实现更加精准的交通预测和路况分析。这为驾驶者提供了更加全面和可靠的交通信息，帮助他们做出更明智的行车决策。

（2）导航路线规划

通用车型的车载网络系统中的导航路线规划功能是非常重要的一项功能。它能够帮助驾驶者在行驶过程中选择最佳的行车路线，以到达目的地。这项功能通过集成地图数据和导航算法，能够根据驾驶者输入的目的地信息和当前车辆位置，计算出最优的行车路线，并在车载系统的屏幕上显示出来。

导航路线规划功能不仅可以帮助驾驶者节省时间和路程，还可以提高驾驶的安全性和舒适性。它能够避开拥堵路段和道路工程，选择更加畅通的行车路线，从而减少行车时间和车辆损耗。导航路线规划功能还可以根据驾驶者的偏好和需求，选择更加适合的路线，例如，避开高速公路或选择风景优美的路线，提高驾驶的舒适性和愉悦度。

除了基本的导航功能，通用车型的车载网络系统中的导航路线规划功能还可以提供更多的智能化服务。例如，它可以与实时交通信息系统进行集成，实时监测交通状况并调整路线规划，以应对突发的交通拥堵或事故，保障行车安全和顺畅。导航路线规划功能还可以与其他系统进行集成，例如，车辆的车况监测系统，根据车辆当前的状态和性能，选择更加适合的

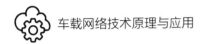

行车路线，提高行车的安全性和经济性。

通用车型的车载网络系统中的导航路线规划功能为驾驶者提供了全方位的导航服务。它的智能化和集成化设计使得驾驶者能够更加便捷地规划行车路线，享受到更加愉悦的驾驶体验。

2. 车辆安全系统

（1）防盗警报与追踪

防盗警报与追踪系统是通用车型车载网络系统中的重要组成部分，其作用在于为车辆提供安全防护和追踪功能。该系统主要包括车辆防盗警报系统和车辆追踪系统两部分。

车辆防盗警报系统通过传感器和监测装置对车辆进行实时监测，一旦发现异常情况，如车辆被非法启动、门窗被撬动，系统将立即发出警报，提醒车主和周围人员注意。同时，系统还可以通过车载通信设备向车主发送手机短信或推送 APP 通知，告知车辆发生异常情况，以便及时采取应对措施。

车辆追踪系统则是在车辆遭受盗窃或丢失时，能够追踪车辆的位置并帮助找回。该系统利用 GPS 定位技术和移动通信网络，实时监测车辆的位置信息，并将其传输至远程服务器。一旦车辆丢失，车主可以通过手机或电脑登录相关平台，查询车辆位置，并通知相关部门进行追踪和查找。

这两个系统通常是集成在车载网络系统中的，通过网络层和应用层进行数据交换和协调。车辆防盗警报系统和车辆追踪系统的集成使得车辆安全防护更加全面和高效。当车辆发生异常情况时，系统可以自动触发警报并记录相关信息，为后续的追踪和处理提供数据支持。

通用车型车载网络系统中的防盗警报与追踪功能是保障车辆安全的重要手段，为车主提供了安全保障和便利服务。

（2）碰撞预警与主动安全控制

碰撞预警与主动安全控制是现代汽车车载网络系统的重要功能之一，它们能够有效地提升汽车驾驶的安全性和可靠性。

碰撞预警系统是车载网络系统中的一项关键技术。该系统通过使用各种传感器和摄像头来监测车辆周围的环境，并实时分析周围车辆和障碍物的位置和运动状态。当系统检测到可能发生碰撞的危险情况时，会向驾驶员发出警告，提醒其采取相应的行动，如减速或变道，以避免碰撞发生。

主动安全控制是碰撞预警系统的延伸和升级。该系统不仅能够及时发出碰撞预警，还能够主动采取措施来避免碰撞的发生。例如，一些车载网络系统配备了自动紧急制动系统，当系统检测到即将发生碰撞时，会自动触发制动系统，以减少碰撞的严重程度或完全避免碰撞发生。

通用车型的车载网络系统在碰撞预警与主动安全控制方面有着许多优势。它们采用了先进的传感器和摄像头技术，能够实现对车辆周围环境的全方位监测，提高了系统的准确性和可靠性。这些系统还具备高效的实时数据处理和分析能力，能够在极短的时间内识别出潜在的碰撞风险，并及时作出响应。通用车型的车载网络系统还采用了先进的人机交互界面，能够向驾驶员清晰地展示碰撞预警信息，提高了驾驶员对系统警报的响应速度和准确性。

3. 车载互联网功能

（1）Wi-Fi 连接与网络热点

通用车型的车载网络系统提供了 Wi-Fi 连接和网络热点功能，为驾驶者和乘客提供了便捷的互联网访问体验。

通过该系统，车辆可以连接到可用的 Wi-Fi 网络，使驾驶者和乘客能够在行驶中轻松地访问互联网。这意味着他们可以使用智能手机、平板电脑或其他设备进行网络浏览、社交媒体更新、电子邮件收发等活动。

通用车型的车载网络系统还具备网络热点功能，允许车辆成为移动 Wi-Fi 热点。这意味着乘客可以使用车辆提供的 Wi-Fi 网络连接其他设备，如笔记本电脑或游戏控制器，享受互联网服务，而无需依赖手机数据网络。

这种 Wi-Fi 连接和网络热点功能为驾驶者和乘客提供了更加灵活和便捷的互联网接入方式，使他们能够在车内进行各种在线活动，如观看视频、

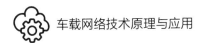

听音乐、玩游戏等，从而提升了行车过程中的娱乐性和舒适性。

通用车型的车载网络系统通过 Wi-Fi 连接和网络热点功能，为驾驶者和乘客提供了便捷的互联网访问体验，丰富了车内的娱乐选择，提升了驾车过程中的舒适性和便利性。

（2）应用商店访问与应用下载

通用车型的车载网络系统中的应用商店访问与应用下载功能是一项非常便利的服务。这项功能允许驾驶者通过车载系统访问在线应用商店，并下载安装各种实用和娱乐性质的应用程序。这些应用程序可以丰富驾驶者的驾驶体验，提供更多的功能和服务。

应用商店访问与应用下载功能使得驾驶者可以随时随地获取到最新的应用程序，并根据自己的需求和偏好进行下载和安装。这些应用程序包括了导航、音乐、天气、新闻等多种类型，可以满足驾驶者在行车过程中的各种需求。例如，驾驶者可以通过应用商店下载安装导航应用，帮助他们更加便捷地规划行车路线；可以下载安装音乐应用，享受高品质的音乐体验；还可以下载安装天气应用，获取实时的天气信息，帮助他们做出行车决策。

除了提供实用的功能和服务，应用商店访问与应用下载功能还可以为驾驶者带来更多的娱乐选择。驾驶者可以通过应用商店下载安装各种游戏、视频播放器等娱乐应用，让他们在长途行车或者停车休息的时候享受到更多的乐趣和放松。这些娱乐应用不仅可以帮助驾驶者缓解长时间行车带来的疲劳和无聊，还可以提高行车的愉悦度和舒适度。

第七章　汽车车载网络系统检修

第一节　车载网络系统常用检测仪器

一、车载网络系统常用物理层检测仪器

（一）电缆测试仪器

车载网络系统的物理层是整个系统的基础，负责传输数据的物理介质和接口。为了确保车载网络系统的稳定性和可靠性，常常需要使用电缆测试仪器进行物理层检测。这些仪器能够检测电缆连接的质量、传输性能及可能存在的故障，为系统的正常运行提供重要支持。

常用的电缆测试仪器之一是网络电缆测试仪。这种仪器可以测试网线的接线情况、连接质量及传输性能。通过连接测试仪器至不同的网线端口，可以快速检测出网线中存在的接线问题，如开路、短路等。同时，网络电缆测试仪还能够进行传输速率的测试，确保网络传输的稳定性和可靠性。

光纤测试仪器也是车载网络系统中常用的物理层检测工具之一。光纤作为一种高速传输介质，其连接质量对系统性能至关重要。光纤测试仪器可以检测光纤的连接质量、光信号的强度及可能存在的光纤损坏或故障。通过光纤测试仪器的检测，可以及时发现并解决光纤连接问题，确保数据的快速稳定传输。

对于车载网络系统中使用的 CAN 总线和 LIN 总线等传输介质，还需要使用相应的总线测试仪器进行检测。这些仪器能够测试总线的通信质量、速率及可能存在的通信故障。通过总线测试仪器的检测，可以确保总线系统的正常运行，避免因通信故障导致的数据丢失或错误。

1. 用途

电缆测试仪器是车载网络系统中的重要设备，它主要用于对车辆的电缆和连接器进行检测和诊断，确保车载网络系统的正常运行和稳定性。

这些测试仪器具有多种用途，其中包括物理层检测。物理层检测是指对电缆和连接器的物理特性进行测试和分析，以确保其符合规范要求并能够正常传输数据。通过物理层检测仪器，技术人员可以对电缆的电阻、电容、电感等参数进行精确测量，检测电缆是否存在断路、短路、接触不良等问题。物理层检测仪器还能够检测电缆和连接器的接头和插座是否松动或损坏，及时发现并处理潜在的故障隐患，确保车载网络系统的稳定性和可靠性。

除了物理层检测，电缆测试仪器还可用于信号质量检测。信号质量检测是指对电缆传输的数据信号进行检测和分析，以评估信号的质量和稳定性。通过电缆测试仪器，技术人员可以对数据信号的幅度、波形、时钟等参数进行监测和分析，发现并诊断信号衰减、串扰、时钟偏移等问题。这些问题可能会导致数据传输错误或丢失，影响车载网络系统的性能和稳定性，因此，及时的信号质量检测对于确保系统正常运行至关重要。

电缆测试仪器还可用于网络拓扑检测。网络拓扑检测是指对车载网络系统中各个节点之间的连接关系进行检测和分析，以确定网络的拓扑结构和布局。通过电缆测试仪器，技术人员可以对网络中各个节点之间的连通性进行测试，发现并诊断连接问题或拓扑结构错误，及时调整和优化网络布局，提高车载网络系统的性能和可靠性。

电缆测试仪器是车载网络系统中的重要设备，具有多种用途，为技术人员提供了有效的工具和手段，帮助他们及时发现并解决车载网络系统中的问题，保障车辆的安全性和可靠性。

2. 常见产品

福禄克网络公司开发的 CableIQ 电缆鉴定测试仪（CableIQ）是一种常见的电缆测试仪器，被广泛应用于车载网络系统的物理层检测。这种仪器具有高精度和可靠性，能够帮助技术人员快速而准确地诊断和解决电缆连接问题。

CableIQ 的主要功能之一是测试电缆的连通性和性能。它能够检测电缆中的断路、短路、错绞等问题，并显示出详细的测试结果。这有助于技术人员迅速找到电缆故障的位置和原因，从而进行及时修复。

CableIQ 还能够识别电缆的类型和长度。它可以自动识别电缆类型，如 CAT5、CAT6 等，并显示出电缆的长度和线路地点。这对于车载网络系统的安装和维护非常有用，能够帮助技术人员更好地规划和管理电缆布线。

CableIQ 的另一个重要的功能是网络发现功能。它能够识别网络中的所有设备，并显示出它们之间的连接关系。这有助于技术人员理清网络拓扑结构，找到潜在的问题点，并进行优化和调整。

除了以上功能外，CableIQ 还具有报告生成和数据存储功能。它可以生成详细的测试报告，并将测试数据存储在仪器内部或外部存储设备中，供技术人员参考和分析。

（二）光纤测试仪器

车载网络系统中常用的物理层检测仪器之一是光纤测试仪器。光纤测试仪器是一种专门用于检测和诊断光纤传输链路的设备，其作用是确保车载网络系统中的光纤连接的稳定性和可靠性，保证数据传输的高效性和安全性。

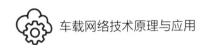

光纤测试仪器通过发射光信号并监测接收到的光信号来检测光纤传输链路的质量和性能。它可以检测到光信号强度、衰减、损耗、反射等多种参数，并根据检测结果提供相应的诊断和分析。通过光纤测试仪器，技术人员可以及时发现和排除光纤传输链路中存在的问题，保证车载网络系统的正常运行。

光纤测试仪器具有高精度和高灵敏度的特点，能够对光信号进行精确的测量和分析。它可以检测到微弱的光信号，并精确地测量光信号的强度和衰减，从而帮助技术人员判断光纤传输链路的质量和性能。同时，光纤测试仪器还具有快速、准确的特点，能够在短时间内完成对光纤传输链路的检测和诊断，提高了技术人员的工作效率和准确性。

除了对光信号进行检测和分析，光纤测试仪器还可以进行光纤连接的验证和标定。它可以检测到光纤连接的稳定性和可靠性，并根据检测结果对光纤连接进行调整和优化，从而保证数据传输的高效性和安全性。通过光纤测试仪器的验证和标定，可以确保车载网络系统中的光纤连接达到最佳的工作状态，提高了系统的可靠性和稳定性。

二、网络层检测仪器

（一）网络分析器

网络分析器是车载网络系统中常用的网络层检测仪器之一，它在网络层级别上进行数据包的捕获、分析和诊断，以确保网络的正常运行和高效传输。网络分析器的功能主要包括数据包捕获、协议分析、流量监测、故障诊断等。

网络分析器能够实时捕获网络中的数据包，并对其进行解析和记录。通过分析捕获的数据包，可以了解网络中的通信情况、数据流量及可能存在的问题。例如，可以检测到是否有异常的数据包传输、是否存在大量的数据包丢失等情况，从而帮助发现网络问题并进行处理。

网络分析器能够对捕获的数据包进行协议分析。它可以解析各种网络协议，包括 TCP/IP、UDP、HTTP、FTP 等，分析数据包的格式、结构，以及通信过程中的各种参数。通过协议分析，可以深入了解网络通信的细节，发现通信异常或违规行为，保障网络安全和稳定性。

网络分析器还可以进行流量监测和性能分析。它能够实时监测网络中的数据流量情况，包括各个节点之间的数据传输速率、延迟情况等。通过对流量数据的分析，可以了解网络的负载情况、瓶颈位置及性能瓶颈，为网络优化和性能提升提供参考依据。

网络分析器还具备故障诊断和排查功能。当网络出现故障或异常时，它可以快速定位故障原因，并提供详细的诊断报告。例如，可以识别出网络中的断路、环路、冲突等问题，帮助网络管理员快速解决故障，恢复网络正常运行。

1. 捕获、分析和诊断车载网络系统中的数据包

在车载网络系统中，网络分析器是一种至关重要的设备，它用于捕获、分析和诊断数据包，以确保车载网络系统的正常运行和安全性。

网络分析器能够捕获数据包。它能够通过连接到车载网络系统中的端口或无线网络，实时地捕获经过网络的数据包。这些数据包包含了车载网络系统中各种信息，包括传感器数据、控制指令、通信消息等。通过捕获数据包，技术人员可以了解车载网络系统的实际运行情况，发现潜在的问题和异常。

网络分析器能够对捕获的数据包进行分析。它可以解析数据包的各个字段和协议，识别出数据包的类型、源地址、目的地址等关键信息。通过对数据包的分析，技术人员可以了解车载网络系统中各个节点之间的通信情况，发现通信异常或错误，及时进行诊断和处理。

网络分析器还能够进行数据包的诊断和排查。它可以检测出数据包中可能存在的错误、重复或丢失，分析造成这些问题的原因，并提供相应的解决方案。例如，当网络分析器检测到数据包丢失或延迟较大时，技术人

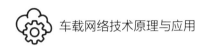

员可以通过分析网络负载、带宽限制等因素，找出问题所在并进行调整，以提高数据传输的稳定性和可靠性。

2. 常用设备

Wireshark、OmniPeek 和 Observer 网络分析器是车载网络系统中常用的网络层检测仪器。它们具有强大的功能，能够帮助技术人员监控、分析和诊断车载网络系统中的网络通信问题。

这些网络分析器可以捕获和分析车载网络系统中的网络数据包。它们能够解析各种网络协议，包括 TCP/IP、UDP、HTTP 等，帮助技术人员深入理解网络通信的细节和特征。

通过这些网络分析器，技术人员可以实时监控车载网络系统的网络流量。它们能够显示出数据包的来源、目的地、传输速率、延迟等信息，帮助技术人员了解网络的实时运行状况，并及时发现异常情况。

除了实时监控功能外，这些网络分析器还具有数据包捕获和存储功能。它们能够捕获车载网络系统中的所有网络数据包，并将其存储在本地或远程设备中。这有助于技术人员在需要时对网络通信进行回放和分析，以便深入研究网络问题的原因和解决方案。

这些网络分析器还具有协议分析和过滤功能。它们能够根据用户的需求对网络数据包进行过滤和分析，帮助技术人员更快地定位到网络问题的根源，并提供相应的解决方案。

（二）网络监控系统

车载网络系统中的网络层检测仪器是确保网络连接稳定和安全的重要工具。这种检测仪器专门用于监测和诊断车载网络系统中的网络层，以保证数据传输的可靠性和高效性。

网络层检测仪器通过监测网络层的各种参数和状态来评估网络连接的质量和性能。它可以检测到网络带宽、延迟、丢包率、网络拥塞等多种指标，并根据检测结果提供相应的分析和建议。通过网络层检测仪器，技术人员可以及时发现网络连接中存在的问题，并采取相应的措施进行修复，以保证车载网络系统的正常运行。

网络层检测仪器具有高精度和高灵敏度的特点，能够对网络连接进行精确的监测和分析。它可以检测到微小的网络波动和异常，并及时报警提醒技术人员进行处理。同时，网络层检测仪器还具有快速、准确的特点，能够在短时间内完成对网络连接的检测和诊断，提高了技术人员的工作效率和准确性。

网络层检测仪器还可以进行网络流量的分析和优化。它可以检测到网络中的流量状况，并根据分析结果对网络流量进行调整和优化，以提高网络连接的性能和稳定性。通过网络层检测仪器的分析和优化，可以确保车载网络系统中的网络连接达到最佳的工作状态，提高了系统的可靠性和稳定性。

1. 主要功能

网络监控系统在车载网络系统中扮演着至关重要的角色，其作用是实时监测车载网络系统的状态和性能，提供警报、报表等功能，确保网络的稳定运行和高效传输。网络监控系统通常由网络监控软件和网络监控硬件设备组成，其中网络层检测仪器是其重要组成部分之一。

网络监控系统通过网络层检测仪器实时监测车载网络系统的状态和性能。这些检测仪器能够捕获网络中的数据包，并对其进行解析和分析。通过分析捕获的数据包，系统可以了解网络的通信情况、数据流量及可能存在的问题。例如，检测到异常的数据包传输、大量的数据包丢失等情况，从而及时发现网络问题并进行处理。

网络监控系统能够通过网络层检测仪器提供实时警报功能。当网络出现故障或异常时，系统可以自动触发警报，并向相关人员发送警报通知。这种实时警报功能能够帮助网络管理员及时发现网络问题，并采取相应的措施加以解决，从而减少网络故障对车辆系统运行的影响。

网络监控系统还能够提供报表功能，通过网络层检测仪器收集并分析

网络性能数据，并生成相应的报表。这些报表可以包括网络流量统计、数据包分析、性能趋势等信息，帮助网络管理员全面了解车载网络系统的运行情况，为网络优化和性能提升提供参考依据。

网络监控系统还具备远程管理和配置功能。通过网络层检测仪器，系统可以远程监控和管理车载网络系统，对网络设备进行配置和调整。这种远程管理功能使得网络管理员可以随时随地对车载网络系统进行监控和管理，提高了网络管理的效率和灵活性。

2. 常用设备

SolarWinds Orion Network Performance Monitor 是一款强大的网络监控系统，它在车载网络系统中的应用具有重要意义。

SolarWinds Orion Network Performance Monitor 能够实时监测车载网络系统中的各个节点和设备的状态。通过连接到网络中的交换机、路由器和其他网络设备，该监控系统能够获取各个节点的运行状态、带宽利用率、数据流量等信息，实现对整个网络的实时监控。这种实时监控功能能够帮助技术人员及时发现网络故障和性能问题，并采取相应的措施进行修复和优化，确保车载网络系统的稳定性和可靠性。

SolarWinds Orion Network Performance Monitor 具备自动发现和拓扑映射功能。它能够自动发现车载网络系统中的各种设备和节点，并生成网络拓扑图，清晰展示网络中各个设备之间的连接关系和拓扑结构。这种自动发现和拓扑映射功能能够帮助技术人员全面了解车载网络系统的结构和布局，发现潜在的问题和瓶颈，有针对性地进行优化和调整，提升网络性能和效率。

SolarWinds Orion Network Performance Monitor 还具备性能分析和报告功能。它能够对车载网络系统中各个节点和设备的性能指标进行分析和评估，生成各种性能报告和趋势分析图表，帮助技术人员了解网络的性能状况和变化趋势。这种性能分析和报告功能能够帮助技术人员及时发现网络性能下降的原因，采取相应的措施进行调整和优化，保障车载网络系统的稳定性和可靠性。

第二节　检测仪的使用与波形分析

一、车载网络系统检测仪的使用

（一）使用准备

准备车载网络系统检测仪器的使用是确保车载网络系统运行正常的重要环节。在使用检测仪器之前，首先需要进行准备工作。

第一步是了解所用检测仪器的功能和操作方法。不同型号的检测仪器可能具有不同的功能和操作界面，因此，需要仔细研究说明书或接受相关培训，确保对其操作方法有所了解。

第二步需要检查检测仪器的状态和性能。检测仪器需要保持干净整洁，并确保电池电量充足或电源正常。同时，需要检查仪器的连接线是否完好，接头是否紧固，以避免在检测过程中出现不必要的故障。

接下来，需要选择合适的检测位置和时间。选择一个安全的环境进行检测，确保车辆停放在平稳的地面上，并且远离其他可能干扰检测的设备或电磁场。同时，选择在车辆停放后进行检测，避免在行驶过程中操作检测仪器，以确保安全。

在开始检测之前，需要对车载网络系统进行初步的检查。检查网络连接是否正确，各个设备是否处于正常工作状态。如果发现异常情况，应及时予以处理，以确保检测结果的准确性。

1. 环境要求

准备车载网络系统检测仪器是一项重要任务，需要符合一定的环境要求，以确保检测仪器的正常使用。

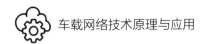

环境温度是一个关键因素。在准备车载网络系统检测仪器时，必须确保工作环境的温度在适宜的范围内，通常建议在 5 ℃至 40 ℃之间。过高或过低的温度都可能影响检测仪器的性能和精度，甚至造成设备损坏或数据失真。在使用检测仪器之前，要确保工作环境的温度处于合适的范围内，并尽量避免在极端温度下进行操作。

环境湿度也是需要考虑的因素之一。车载网络系统检测仪器通常不适合在潮湿的环境中使用，因为湿度可能会导致设备的电路板受潮或生锈，进而影响设备的性能和稳定性。在准备检测仪器时，要尽量选择干燥的工作环境，并采取必要的防潮措施，如使用防潮箱或湿度探测器。

光照条件也是需要注意的因素之一。在使用车载网络系统检测仪器时，要避免暴露在强光下，因为强光可能会影响显示屏的清晰度和可视性，导致操作困难或误操作。

电磁干扰也是需要注意的因素之一。在使用车载网络系统检测仪器时，要尽量远离电磁干扰源，如电动机、高压电线等，因为电磁干扰可能会干扰检测仪器的正常工作，导致数据误差或设备故障。

准备车载网络系统检测仪器需要符合一定的环境要求，包括适宜的温度和湿度、合适的光照条件以及避免电磁干扰。只有在合适的环境条件下，检测仪器才能正常工作，确保检测结果的准确性和可靠性。

2. 设备连接与设置

准备和使用车载网络系统检测仪需要一系列步骤和注意事项。要确保检测仪的设备连接正确并且设置合适。

在开始之前，需要将检测仪与车辆的电源连接。通常情况下，检测仪会配备适配器，可以连接到车辆的 12 V 电源插座。确保适配器连接牢固，并且电源线路没有损坏或短路情况。

接下来，要将检测仪与车载网络系统的相应接口连接。这些接口可能包括 OBD-Ⅱ接口、CAN 总线接口等，具体取决于车辆的型号和配置。确保连接线路正确，插头没有损坏，连接稳固。

在设备连接完成后，需要对检测仪进行一些基本设置。首先是电源开关，确保检测仪已经开启。根据需要选择相应的检测模式或功能。一般来说，检测仪会提供多种模式，包括诊断模式、扫描模式等，根据具体的需求进行选择。

接下来，可能需要对检测仪进行一些基本的配置设置，如语言选择、显示亮度、数据存储路径等。这些设置通常可以在检测仪的菜单中进行调整，根据个人喜好和实际需要进行设置。

要确保检测仪已经正确连接和设置后，可以开始进行检测和使用。根据具体的需求和情况，选择相应的检测功能，并根据检测仪显示的结果进行分析和诊断。在使用过程中，注意观察检测仪的显示屏，及时处理显示的信息和结果。

准备和使用车载网络系统检测仪需要正确连接设备，并进行适当的设置。只有在设备连接正确、设置合适的情况下，才能保证检测仪的正常工作和准确检测，从而有效地诊断和解决车载网络系统的问题。

（二）操作指南

车载网络系统检测仪是一种重要的工具，用于监测和诊断车载网络系统的各种参数和状态。正确的使用操作指南对于确保检测仪的有效使用至关重要。

操作指南应包括详细的使用准备，并提供详细的步骤和说明，以帮助用户正确操作检测仪。准备工作包括连接电源、连接测试设备等，具体的操作步骤包括选择测试项目、设置参数、进行测试等。操作指南应该清晰明了地描述每个步骤的操作方法和注意事项，以确保用户能够顺利完成操作。

操作指南还应该提供详细的故障排除方法和解决方案。在使用过程中，如果出现问题或者错误，用户应该能够通过操作指南找到相应的解决方法。操作指南应该列出常见的故障现象和可能的原因，并提供相应的解决方案

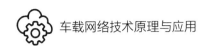

或建议，以帮助用户快速解决问题，恢复检测仪的正常工作状态。

操作指南还应该包括维护和保养检测仪的方法和注意事项。用户应该了解如何正确使用和存放检测仪，以及定期进行维护和保养工作，以确保检测仪的长期稳定运行。操作指南应该提供清晰的指导和建议，以帮助用户有效地维护和保养检测仪，并延长其使用寿命。

操作指南对于正确使用车载网络系统检测仪至关重要。它应该提供清晰明了的指导和说明，帮助用户正确操作检测仪，并能够解决可能出现的问题。只有学习正确的操作指南，用户才能够充分发挥检测仪的功能，确保车载网络系统的正常运行。

1. 启动与关闭

启动车载网络系统检测仪器是使用前的首要步骤。在启动前，确保检测仪器处于安全的环境中，远离可能产生干扰的设备或电磁场。检查检测仪器的电源是否连接正常，电池是否充足，确保仪器能够正常工作。同时，检查仪器的连接线是否完好，接头是否紧固，以避免在使用过程中出现不必要的故障。

启动检测仪器时，首先按下电源开关，待仪器启动完成后，根据仪器说明书或培训所学方法进入主界面。在主界面中，选择相应的检测功能，如数据包捕获、协议分析、流量监测等。根据需求和实际情况，进行相应的设置和配置，以确保检测的准确性和有效性。

在启动完成后，需要进行初步的检测准备工作。检查待测车载网络系统的连接状态和工作状态，确保各个设备正常运行。如果发现异常情况，应及时予以处理，以确保后续检测的准确性。

启动检测仪器后，按照仪器说明书或培训所学方法将其连接到待测车载网络系统上。根据需要选择相应的检测功能，并根据仪器显示的提示进行操作。在进行检测过程中，需要关注仪器显示的各项参数和数据，根据检测结果进行分析和判断。

关闭车载网络系统检测仪器是使用完成后的关键步骤。在关闭前，首先需要停止检测功能，将仪器从待测车载网络系统上拔出。按下电源关闭按钮，待仪器完全关闭后，拔下电源线或取出电池，确保仪器处于安全状态。

关闭检测仪器后，需要对检测仪器进行清洁和维护。清除仪器表面的灰尘和污垢，保持其干净整洁。同时，检查仪器的连接线和接头是否完好，存放在干燥通风的环境中，避免受潮或受损。

对检测结果进行整理和分析，生成相应的报告，并将问题和解决方案及时通知相关人员。同时，对检测仪器进行记录和归档，以备将来参考和使用。

启动和关闭车载网络系统检测仪器是使用过程中的重要步骤。通过正确的操作方法和安全措施，可以有效地保障检测的准确性和可靠性，提高车载网络系统的稳定性和可靠性。

2. 数据采集与存储

使用车载网络系统检测仪进行数据采集与存储是一项复杂而关键的任务，需要遵循一定的操作指南以确保操作的顺利进行和数据的准确性。

需要根据实际需求选择合适的检测仪器。在选择检测仪器时，需要考虑到车载网络系统的类型、规模和特点，以及需要采集和存储的数据类型和量级。同时，还需要考虑到检测仪器的性能参数和功能特点，确保其能够满足实际需求并具备足够的性能和可靠性。

需要准备好相应的数据采集和存储设备。这些设备包括存储介质、数据传输线路等。在准备存储介质时，要选择容量适当、速度稳定的存储设备，确保能够满足数据采集和存储的需求。同时，还需要确保数据传输线路的稳定性和可靠性，以避免数据传输过程中出现问题。

接下来，需要根据操作指南正确设置检测仪器的参数和功能。这包括设置数据采集的时间间隔、采集的数据类型和格式、存储的位置和方式等。在设置参数和功能时，需要根据实际需求和操作指南进行合理的配置，以确保数据采集和存储的准确性和完整性。

需要进行实际的数据采集操作。在进行数据采集时，需要确保车载网络系统处于正常运行状态，并保持稳定的通信连接。同时，还需要注意监控检测仪器的工作状态，确保其正常运行和数据采集的顺利进行。在数据采集过程中，还需要及时处理异常情况和错误信息，以确保数据采集的准确性和完整性。

需要对采集到的数据进行存储和管理。在存储数据时，需要按照预先设置的存储位置和方式进行存储，并采取适当的措施保护数据的安全性和机密性。同时，还需要建立完善的数据管理体系，包括数据分类、整理、备份、归档等，以便于后续数据分析和应用。

二、车载网络系统波形分析

（一）波形分析介绍

车载网络系统的波形分析是一种重要的技术手段，用于对车辆电子系统中的信号波形进行分析和诊断。这种分析技术可以帮助技术人员快速而准确地检测和解决车载网络系统中的故障问题。

波形分析是通过对信号波形的形状、振幅、频率等特征进行分析，来了解信号的传输状况和系统的工作状态。在车载网络系统中，波形分析通常涉及诸如 CAN 总线、LIN 总线、以太网等各种信号波形的分析。

波形分析可以帮助技术人员了解信号的传输质量。通过观察波形的形状和幅度，可以判断信号是否正常传输，是否存在噪声干扰或失真等问题。这有助于及时发现信号传输问题，并采取相应的措施进行修复。

波形分析可以帮助技术人员诊断故障原因。通过对比正常波形和异常波形的差异，可以定位到故障的具体位置和原因。例如，如果出现波形的突然变化或波形的形状不符合预期，可能是由于线路短路、接触不良等问题导致的。

波形分析还可以帮助技术人员优化系统性能。通过对波形的频率和周期进行分析，可以优化系统的工作参数，提高系统的性能和稳定性。这对于提升车载网络系统的整体效率和可靠性具有重要意义。

波形分析还可以用于故障的预测和预防。通过持续监测和分析信号波形，可以发现信号传输中的潜在问题，并及时采取措施进行预防，避免故障的发生和扩大。

1. 分析车辆网络系统传感器的波形数据

车载网络系统的波形分析是一项关键的技术，用于分析车辆传感器产生的波形数据。这些数据包含了车辆各种参数和状态的变化情况，通过对波形数据进行分析，可以帮助技术人员了解车辆的运行状态和性能表现。

波形分析涉及对传感器波形数据的采集和处理。传感器可以监测到车速、转向、油门、制动等多种参数和状态，并将这些数据以波形的形式输出。技术人员需要使用专门的设备和软件对这些波形数据进行采集和记录，以便后续的分析和处理。

波形分析包括对波形数据的可视化和解读。通过波形分析软件，技术人员可以将波形数据以图形的形式展示出来，以便更直观地观察和分析。他们可以从波形中识别出各种特征和模式，例如，周期性变化、幅值大小、波形形状等，并据此判断车辆的运行状态和性能表现。

波形分析还涉及对波形数据的数学和统计分析。技术人员可以利用数学方法和统计技巧对波形数据进行深入分析，以发现其中的规律和规律。他们可以计算波形的平均值、峰值、频率分布等指标，并进行相关性分析、趋势分析等，从而得出对车辆运行状态和性能的更深入的认识和理解。

波形分析还包括对异常波形的识别和处理。在波形数据中，有时会出现异常或者异常，例如，突然的波形跳变、波形突然消失等。技术人员需要通过波形分析来识别这些异常，并采取相应的措施进行处理，以确保车辆的正常运行和安全性。

车载网络系统的波形分析是一项重要的技术，可以帮助技术人员了解车辆的运行状态和性能表现。通过对传感器波形数据的采集、处理、可视

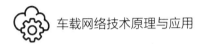

化和解读，以及数学和统计分析，技术人员可以发现潜在的问题和优化的空间，从而提高车辆的性能和安全性。

2. 发现潜在的故障和异常情况

波形分析是车载网络系统中常用的故障诊断和问题解决方法之一。该方法通过对网络信号的波形进行分析，发现潜在的故障和异常情况，从而帮助技术人员快速定位和解决问题。

波形分析涉及对车载网络系统中传输的信号波形进行捕获和记录。通常使用示波器等专业设备对信号波形进行采集，将其显示在示波器的屏幕上。波形的形状、幅度、频率等特征可以反映出网络信号的传输情况和可能存在的问题。

技术人员通过观察和分析捕获的信号波形，发现可能存在的故障和异常情况。例如，可以观察到信号波形的幅度是否正常，是否存在波形畸变或波形失真等情况。通过比较正常波形和异常波形的特征，可以快速判断出网络中可能存在的问题所在。

波形分析还可以用于识别网络中的信号干扰和电磁干扰等问题。通过观察信号波形的噪声水平和频谱分布，可以判断出网络信号是否受到外部干扰的影响，从而采取相应的措施加以解决。

除了故障诊断外，波形分析还可以用于网络性能优化和调整。通过观察不同参数下的信号波形变化，可以找到网络性能的最优配置，提高网络的传输效率和稳定性。

（二）分析步骤

1. 数据采集

数据采集和车载网络系统波形分析是车辆行业中的关键技术，对于提高车载网络系统的性能和可靠性具有重要意义。

数据采集是指通过各种传感器和监测设备收集车载网络系统中的数据。这些数据包括车辆的状态信息、环境参数、传感器输出等。通过数据采集，可以实时监测车辆的运行状况，了解车辆的性能和状态。同时，数据采集还能够帮助车辆制造商和技术人员分析车辆的使用情况和行驶特点，为车辆设计和优化提供参考。

波形分析是指对采集到的数据进行波形分析和处理，以提取其中的有效信息。通过波形分析，可以识别出数据中的特征波形、周期性变化、异常波动等。这些信息对于了解车辆的工作状态和性能特点非常重要。例如，可以通过波形分析了解车辆的加速度、转向角度、车速等参数变化情况，识别出可能存在的故障或异常。

数据采集和波形分析在车载网络系统中有着广泛的应用。例如，在车辆的性能测试和调试过程中，可以通过数据采集和波形分析对车辆的各项性能指标进行监测和评估，发现并解决潜在的问题和缺陷。在车辆的故障诊断和维修过程中，也可以通过数据采集和波形分析对车辆的工作状态进行分析，快速定位故障原因并采取相应的修复措施。

数据采集和波形分析还可以用于车载网络系统的优化和改进。通过分析采集到的数据和波形，可以了解车载网络系统的性能瓶颈和优化空间，从而进行系统优化和改进，提高车载网络系统的性能和可靠性。

2. 波形展示

车载网络系统的波形分析是一项重要的技术，通过波形展示，可以直观地观察车载网络系统中各种信号波形的特征和变化。波形展示是技术人员进行波形分析的重要工具之一，它能够帮助技术人员快速诊断和解决系统中的问题。

波形展示通常通过示波器等专业设备实现。示波器能够将信号波形转换为图形化的显示，以便技术人员进行观察和分析。在车载网络系统中，波形展示通常涉及 CAN 总线、LIN 总线、以太网等各种信号波形的展示。

在进行波形展示时，技术人员需要关注波形的多个方面。首先是波形的形状。正常的信号波形应该呈现出清晰、稳定的形状，如果出现波形的扭曲、变形或者幅度不稳定等情况，可能意味着信号传输存在问题。

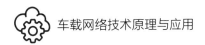

其次是波形的幅度和频率。通过观察波形的振幅和频率，可以了解信号的强度和传输速率。如果出现波形的振幅过大或者频率异常，可能是由于信号干扰或者失真引起的。

还需要关注波形的时序关系。在多个信号同时传输的情况下，需要确保各个信号之间的时序关系正确，否则可能导致数据传输错误或者通信故障。

波形展示还可以帮助技术人员识别特定的信号模式和特征。例如，某些故障可能会导致特定的波形变化，通过对比正常波形和异常波形，可以帮助技术人员快速定位故障位置和原因。

第三节 CAN 总线的故障诊断

一、CAN 总线的故障诊断

（一）CAN 总线故障的分类

1. 电气故障

CAN 总线是车载网络系统中常用的通信介质，负责连接车辆内部的各种电子设备和控制单元，实现数据的传输和通信。在车辆使用过程中，CAN 总线可能会出现各种电气故障，影响车辆的正常运行。对 CAN 总线的故障进行诊断和解决至关重要。

常见的 CAN 总线电气故障包括线路断路、短路、接地故障等。线路断路是指 CAN 总线的通信线路中断，导致通信信号无法传输。短路是指 CAN 总线的通信线路出现短路，导致通信信号异常。接地故障是指 CAN 总线的接地线路出现问题，导致通信信号无法正常接地。这些故障可能会导致车辆内部的各种电子设备无法正常通信和工作，影响车辆的性能和安全。

诊断 CAN 总线的电气故障通常需要使用专业的诊断工具和仪器。例如，可以使用多用途车辆诊断仪或 CAN 总线诊断工具对车辆的 CAN 总线进行诊断。这些工具能够通过连接到车载诊断接口或 CAN 总线接口，读取 CAN 总线的通信数据和状态信息，并进行故障诊断和分析。

对 CAN 总线的电气故障进行诊断时，需要注意以下几个方面。需要检查 CAN 总线的物理连接是否正常，包括连接线路和接头是否完好、插头是否松动等。需要检查 CAN 总线的通信信号是否正常，包括信号的波形、频率、幅度等。需要检查 CAN 总线的终端电阻是否正确，确保总线终端电阻的阻值符合要求。

在诊断过程中，可以通过对 CAN 总线的通信信号进行波形分析，发现可能存在的故障和异常情况。例如，可以观察信号波形的幅度是否正常、波形是否有畸变等，从而判断出可能存在的线路断路、短路、接地故障等问题。

诊断 CAN 总线的电气故障需要使用专业的诊断工具和仪器，通过对 CAN 总线的物理连接和通信信号进行检查和分析，发现并解决可能存在的故障和异常情况，以确保车载网络系统的稳定运行和安全性。

2. 通信故障

CAN 总线的故障诊断是车载网络系统维护和修复中的重要环节，它能够帮助技术人员快速准确地定位并解决 CAN 总线故障，确保车辆的正常运行和通信稳定性。

要识别 CAN 总线故障的迹象，包括车载网络系统中的通信故障、数据丢失、传感器失效等。当车载网络系统出现这些问题时，可能是由于 CAN 总线出现故障导致的。技术人员需要仔细观察和分析车载网络系统的工作状态，及时发现并识别出可能的 CAN 总线故障迹象。

要利用专业的诊断工具对 CAN 总线进行诊断。这些诊断工具通常包括 CAN 总线分析仪、故障诊断工具等。通过这些工具，技术人员可以对 CAN 总线的通信质量、速率、帧格式等进行全面分析和诊断，发现并定位故障

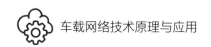

的具体原因。同时，还可以利用这些工具对 CAN 总线进行实时监测和记录，帮助技术人员更准确地分析和诊断故障。

要检查 CAN 总线的物理连接和接口。CAN 总线的故障可能是由于连接线路松动、接头腐蚀或接口损坏等造成的。技术人员需要检查 CAN 总线的物理连接口，确保其连接紧固、接触良好，并清洁接头以防止腐蚀。如果发现连接线路或接口存在问题，应及时修复或更换，以恢复 CAN 总线的正常工作。

要检查 CAN 总线上的节点设备和控制单元。CAN 总线的故障可能是由于节点设备或控制单元出现故障或故障造成的。技术人员需要逐个检查 CAN 总线上的节点设备和控制单元，检查其供电情况、通信状态、工作参数等，发现并解决可能存在的故障。如果发现节点设备或控制单元存在问题，应及时修复或更换，以恢复 CAN 总线的正常通信。

要进行综合分析和排查。在进行 CAN 总线故障诊断时，技术人员应结合上述步骤对 CAN 总线的各个方面进行综合分析和排查，从而全面了解故障发生的原因和性质。通过综合分析和排查，可以更准确地定位和解决 CAN 总线故障，确保车辆的正常运行和通信稳定性。

CAN 总线的故障诊断是车载网络系统维护和修复中的重要环节，需要技术人员具备专业的知识和技能，并采用合适的诊断工具和方法，进行全面、准确的诊断和排查，以确保车辆的正常运行和通信稳定性。

（二）故障诊断工具和方法

1. OBD 诊断工具

OBD 诊断工具是一种常用的车载网络系统故障诊断工具，而 CAN 总线的故障诊断则是其中重要的一部分。CAN 总线作为车辆电子系统中最常见的通信协议之一，负责车辆各个电子模块之间的数据交换和通信，因此对于保障车辆的正常运行至关重要。

故障诊断工具通过连接到车辆的 OBD 接口，能够读取和解析 CAN 总线上的故障码及实时数据。它可以读取车辆中存储的故障码，这些故障码记录了车辆电子系统中的各种问题，包括发动机、传输系统、刹车系统等。通过解析故障码，可以帮助技术人员快速定位到车辆存在的问题，并采取相应的修复措施。

除了读取故障码外，故障诊断工具还可以实时监测和分析 CAN 总线上的数据。它可以读取车辆各个电子模块之间的通信数据，包括传感器数据、执行器状态、控制指令等。通过分析这些数据，可以帮助技术人员了解车辆电子系统的实际工作状态，发现潜在的问题和隐患，并及时采取措施进行修复。

在进行 CAN 总线的故障诊断时，需要注意以下几个方面。首先是对故障码的解析和分析。技术人员需要了解不同故障码所对应的问题类型和可能的原因，以便准确地定位到故障的根源。其次是实时数据的监测和分析。通过监测车辆各个电子模块之间的数据交换，可以及时发现异常情况并进行处理。最后是修复措施的实施。根据故障诊断结果，技术人员需要采取相应的修复措施，包括更换零部件、重新编程控制模块等，以确保车辆的正常运行。

OBD 诊断工具在 CAN 总线的故障诊断中起着至关重要的作用。通过读取故障码和实时数据，帮助技术人员快速定位并解决车辆电子系统中的问题，保障车辆的安全和稳定运行。

2. CAN 总线分析仪

CAN 总线分析仪是一种用于诊断 CAN 总线故障的重要工具。CAN 总线作为车辆网络系统的核心通信架构，承载着各种传感器、控制单元和执行器之间的数据通信。故障诊断对于确保 CAN 总线的稳定运行至关重要。

CAN 总线分析仪通过监测 CAN 总线上的数据流量和通信状态来检测故障。它能够实时捕获 CAN 总线上的数据帧，并对数据帧的发送和接收情况进行分析。通过观察数据流量的变化和通信状态的异常，CAN 总线分析仪能够快速识别出 CAN 总线上可能存在的故障。

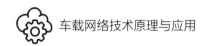

CAN 总线分析仪可以对 CAN 总线上的数据帧进行解析和分析,以识别出其中的异常或错误。它能够检测到数据帧的丢失、重复、错误校验等问题,并根据检测结果提供相应的故障诊断信息。通过分析数据帧的内容和结构,CAN 总线分析仪能够帮助技术人员找出故障产生的原因。

CAN 总线分析仪还可以对 CAN 总线上的节点进行识别和定位,以确定故障的具体位置。它能够识别出所有连接到 CAN 总线上的节点,并检测它们的通信状态和响应情况。通过识别出故障节点,CAN 总线分析仪能够帮助技术人员快速定位故障,并采取相应的措施进行修复。

CAN 总线分析仪还可以对 CAN 总线的物理层和数据链路层进行测试和诊断,以排除硬件故障或者通信介质故障。它能够检测到电缆连接问题、信号干扰、终端电阻失效等物理层问题,并根据检测结果提供相应的建议和解决方案。通过对物理层和数据链路层的诊断,CAN 总线分析仪能够帮助技术人员更全面地了解 CAN 总线的运行状况,并采取有效的措施进行故障修复。

CAN 总线分析仪是一种非常重要的工具,用于诊断和解决 CAN 总线故障。它能够通过监测数据流量、解析数据帧、识别节点、测试物理层等方法,帮助技术人员快速准确地定位和解决 CAN 总线故障,确保车辆网络系统的稳定运行。

二、故障排除与维修

(一)故障排除流程

1. 故障现象确认

CAN 总线故障的确认和排除是车辆维修中的重要环节,对确保车辆正常运行至关重要。故障现象的确认是排除故障的第一步,通常表现为车辆电子系统的异常,如仪表盘警告灯点亮、发动机无法启动等。在确认故障现象后,需要采取相应的步骤进行排除和维修。

进行诊断和故障排查。通过使用专业的诊断工具和仪器，如多用途车辆诊断仪、CAN 总线诊断工具等，读取车辆的故障码和数据流信息，了解故障的具体情况和原因。根据故障码和数据流信息，进行故障排查，确定故障发生的具体位置和原因。

检查 CAN 总线的物理连接和接线情况。检查 CAN 总线连接线路和接头是否完好，插头是否松动，确保连接稳固可靠。同时，检查 CAN 总线的终端电阻是否正常，保证终端电阻的阻值符合要求。这些步骤可以帮助发现可能存在的线路断路、短路、接地故障等问题。

进行信号波形分析。使用示波器等专业设备对 CAN 总线的通信信号进行波形分析，观察信号波形的形状、幅度、频率等特征，发现可能存在的故障和异常情况。根据波形分析结果，进一步确定故障产生的具体原因，并采取相应的措施加以解决。

进行电气测试和测量。使用万用表等测试仪器对 CAN 总线的电气参数（如电压、电流、电阻等）进行测试和测量。通过对比测试结果和标准值，发现可能存在的电气故障，进一步确定故障的具体原因，并采取相应的维修措施。

进行维修和调整。根据故障的具体原因，采取相应的维修措施，如修复线路断路、短路，更换损坏的部件等。同时，对 CAN 总线的参数和配置进行调整和优化，确保其正常运行和稳定性。完成维修后，进行测试和确认，确保故障得到彻底排除，车辆恢复正常运行。

2. 数据采集与分析

数据采集与分析，以及 CAN 故障排除与维修是车载网络系统维护中的重要环节。数据采集与分析用于监测车载网络系统的运行状况，而 CAN 故障排除与维修则旨在解决 CAN 总线可能出现的各种问题，以确保车辆的正常运行。

数据采集与分析是车载网络系统维护中的重要步骤。通过数据采集，可以获取车载网络系统中各个节点的数据，并对其进行分析。这些数据可

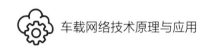

能包括传感器数据、控制单元的输出、通信消息等。通过数据分析，可以了解车载网络系统的运行状况，检测潜在的故障和问题，并提供有效的解决方案。

CAN 故障排除与维修是处理 CAN 总线故障的关键步骤。CAN 总线作为车载网络系统中的重要通信媒介，可能会出现各种故障，如通信中断、数据丢失、节点故障等。为了解决这些问题，需要采取一系列的排除和维修措施，包括检查物理连接、诊断节点设备、修复控制单元等。

接下来，要根据实际情况选择合适的工具和方法进行数据采集与分析。数据采集工具通常包括传感器、监测设备、数据记录器等。而数据分析工具则可以是各种软件程序、算法和模型，用于对采集到的数据进行处理和分析，从而提取出有用的信息和结论。

要通过专业的诊断工具对 CAN 总线故障进行诊断。这些诊断工具通常包括 CAN 总线分析仪、故障诊断工具等。通过这些工具，可以对 CAN 总线的通信质量、速率、帧格式等进行全面的分析和诊断，帮助技术人员快速准确地定位并解决故障。

要根据诊断结果采取相应的维修措施。根据诊断结果确定故障原因，然后采取针对性的维修措施，如修复连接线路、更换故障节点设备、重置控制单元等。同时，还要对维修后的系统进行测试和验证，确保故障彻底得到解决，车辆的正常运行得到恢复。

（二）维修注意事项与技巧

1. 线束检查与修复

线束是车载网络系统中至关重要的组成部分，而 CAN 总线作为其核心通信协议，若出现故障，将对车辆的正常运行产生严重影响。因此，进行线束检查与修复对于车辆维修十分重要。

线束检查通常从外观开始。技术人员会仔细检查线束的外部情况，包括线束表面是否有损伤、磨损、裂纹、烧焦等现象。这些外部损伤可能会导致线束中的导线暴露在外,造成短路或者接触不良,进而影响 CAN 总线的正常通信。

接下来,技术人员会使用多用途表等测试仪器对线束进行电学测试。他们会逐一测试线束中的导线和连接点,检查是否存在断路、短路、接触不良等问题。这些测试结果可以帮助技术人员定位到具体的故障点,并进行相应的修复。

技术人员还会使用示波器等专业仪器对 CAN 总线上的信号波形进行检测和分析。他们会观察波形的形状、幅度、频率等特征,以判断 CAN 总线是否正常工作。如果出现异常波形,可能是由于线束中存在故障导致的,需要进一步检查和修复。

一旦确定了线束中的故障点,技术人员会采取相应的修复措施。这可能包括修复损坏的导线、更换受损的连接器、重新绝缘裸露的导线等。修复后,他们会重新测试线束,确保故障已经解决,CAN 总线恢复正常工作。

2. CAN 节点替换与重新配置

CAN 节点替换和重新配置是诊断和解决 CAN 总线故障的重要步骤。当 CAN 总线出现故障时,通过分析确认故障节点,技术人员需要考虑替换或重新配置节点以解决问题。

替换故障节点是常见的解决故障的方法之一。当某个节点出现故障或损坏时,技术人员可以通过更换新的节点来修复问题。替换节点需要选择与原节点兼容的新节点,并确保其配置和参数与原节点一致。在更换节点之前,技术人员需要先断开电源,并根据车辆制造商提供的指南,按照正确的步骤进行操作,以避免造成其他损坏或故障。

重新配置节点也是解决 CAN 故障的重要方法之一。有时候,节点出现故障可能是由于配置错误或参数设置不当导致的。在这种情况下,技术人员可以通过重新配置节点的参数来修复问题。重新配置节点需要先了解节点的工作原理和功能,然后使用相应的配置工具或软件对节点的参数进行调整。技术人员需要确保新配置与车辆系统的其他部件兼容,并根

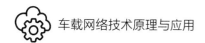

据需要进行相应的测试和验证，以确保问题已经得到解决，车辆系统可以正常工作。

对于一些复杂的 CAN 故障，可能需要综合考虑替换和重新配置节点的方法来解决问题。技术人员需要仔细分析故障现象和产生故障的原因，并根据实际情况选择合适的解决方案。有时候，可能需要先尝试重新配置节点以查明故障原因，然后再考虑是否需要替换节点来彻底解决问题。

第四节　静态电流的检测与线束维修

一、静态电流的影响与检测方法

（一）静态电流对车载网络系统的影响

1. 对电池寿命的影响

车载网络系统对于静态电流的影响是不可忽视的，静态电流是指车载网络系统在停止发动机运行时的电子设备和系统的功耗。静态电流的存在会对车载网络系统产生多方面的影响，特别是对电池寿命的影响，是非常显著的。

静态电流会导致电池的放电速度增加，以致于缩短电池的寿命。当车辆停止运行时，车载网络系统中的电子设备和系统仍然处于待机状态，持续消耗电池的电能。如果静态电流过大或持续时间过长，将会导致电池的放电速度加快，缩短电池的使用寿命，甚至造成电池损坏。

静态电流可能会引起电池过度放电，导致电池损坏或无法启动车辆。如果车载网络系统中的电子设备和系统长时间处于待机状态，静态电流会不断消耗电池的电能，当电池电量降至过低时，可能无法启动发动机或启动困难，严重影响车辆的正常使用。

静态电流对车载网络系统的其他部件和设备也会产生影响。持续的静态电流可能会导致电子设备和系统的过热、过载或损坏，影响其正常工作和稳定性。特别是对于一些对电压稳定性要求较高的设备，静态电流的存在可能会导致其性能下降或损坏。

静态电流对车载网络系统的影响还体现在能源利用效率方面。持续消耗电池的电能会导致能源浪费，降低能源利用效率，增加车辆的能源成本。在能源资源日益紧缺的今天，提高能源利用效率已成为社会各界关注的重要问题。

为了减少静态电流对车载网络系统的影响，需要采取一系列有效的措施。首先是优化车载网络系统的设计和配置，选择低功耗的电子设备和系统，降低待机状态下的功耗。其次是合理管理车载网络系统的电源供应，采用智能电源管理系统或电池管理系统，及时关闭不必要的电子设备和系统，降低静态电流的消耗。最后是定期检查和维护车载网络系统，确保其正常运行和稳定性，及时发现并解决静态电流引起的问题。

2. 系统性能受损

静态电流对车载网络系统的影响是不容忽视的，它可能会导致系统性能受损，甚至引发严重故障。了解静态电流对车载网络系统的影响需要理解静态电流的本质。静态电流是指在没有外部电压作用下，由于材料内部的电荷分布不均匀而产生的电流。在车载网络系统中，静态电流通常会通过导线、电缆等导体传输，并影响到系统的正常运行。

静态电流可能会对车载网络系统的各个方面产生不良影响。静态电流可能会导致系统的电压不稳定。当静态电流通过导线或电缆时，会产生额外的电压降，使得系统中的电压出现波动或失真。这种电压不稳定性可能会影响到系统中各个部件，导致系统性能受损。

静态电流可能会导致系统的电磁干扰。当静态电流通过导线或电缆时，会产生电磁场，进而影响到系统中其他部件的工作。这种电磁干扰可能会导致系统中的信号传输出现故障或错误，使得系统无法正常通信或数据传

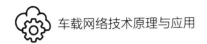

输不稳定，从而影响系统的性能和可靠性。

　　静态电流还可能会导致系统的能耗增加。由于静态电流会产生额外的电压降和电磁场，会导致系统中的电子器件产生额外的能耗，从而增加系统的总能耗。这种能耗的增加可能会导致系统中的电池电量消耗过快，使得车载网络系统无法持续稳定地工作，从而影响到车辆的正常运行。

　　静态电流还可能会导致系统中的器件损坏或老化。由于静态电流可能会产生较大的电压和电磁场，会对系统中的电子器件产生不良影响，导致器件损坏或老化，从而使得系统的性能和可靠性受到影响。

（二）静态电流的检测方法

　　静态电流是指在车载网络系统中电路处于静止状态时流过的电流。静态电流的检测方法主要包括两种。一种是使用电流表进行直接测量；另一种是使用多用途表进行测量。

　　使用电流表进行直接测量时，技术人员会将电流表连接到车载网络系统的电路上，并通过读数来确定静态电流的大小。这种方法可以直接测量电路中的电流，但需要注意选择合适的电流档位并正确连接电流表的正负极，以避免损坏电路或者电流表。

　　另一种方法是使用多用途表进行测量。多用途表通常具有电流测量功能，并且能够选择不同的电流档位进行测量。技术人员可以将多用途表设置到适当的电流档位，并将其连接到车载网络系统的电路上，通过读数来确定静态电流的大小。

　　静态电流对车载网络系统会产生多种影响。它可能会导致车辆的电池电量消耗过快。即使车辆处于停车状态，静态电流仍然会持续流过电路，耗尽电池的电量，影响车辆的启动和正常使用。

　　静态电流可能会导致电子模块的过早损坏。长期存在的静态电流会使电子模块长时间处于工作状态，增加其工作负荷，加速元件老化和损坏，从而影响车辆的性能和可靠性。

静态电流还可能引发其他故障。例如，当静态电流通过电路中的继电器时，可能会导致继电器的不正常动作或者焊接，进而影响车辆的正常功能。

为了减少静态电流对车载网络系统的影响，技术人员需要定期检查和维护电路，确保各个电子模块和连接器的工作正常。在车辆停车时，可以采取断开电源或者采取断电开关等措施，以减少静态电流的流动，保护车辆的电池和电子系统。

二、线束维修与故障排除

（一）线束维修的基本原则

1. 故障线束定位

车载网络系统的线束是连接各种传感器、控制单元和执行器的重要组成部分。线束的正常运行对于车辆的性能和安全性至关重要。线束可能会出现故障，导致车辆网络系统的异常或故障。故障线束定位和维修是解决车载网络系统故障的重要步骤之一。

故障线束定位是指通过检查和测试来确定故障线束的具体位置和产生原因。技术人员需要仔细检查车辆网络系统中的线束，查找可能存在的损坏或故障部分。他们可以通过目视检查或者使用测试仪器来检查线束的外观和连接情况，以确定是否存在断裂、破损、接头松动等问题。

技术人员需要使用多种测试工具和方法对线束进行电气测试。他们可以使用多用途电压表、万用表等测试仪器来测量线束中各个电路的电压、电流、电阻等参数，以确定是否存在电路断路、短路、接地等问题。通过电气测试，技术人员可以进一步确定故障线束的具体位置和产生原因。

对于一些复杂的故障，可能需要使用特殊的测试设备和方法来进行故障定位。例如，使用示波器来检测线束中的信号波形，以判断是否存在信号失真、干扰等问题。或者使用网络诊断工具来分析线束中的通信数据，

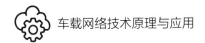

以确定是否存在通信故障或数据丢失等问题。通过这些特殊的测试方法，技术人员可以更准确地定位故障线束的问题，并采取相应的措施进行修复。

在进行故障线束维修时，技术人员需要注意以下几点。确保使用合适的工具和方法进行故障定位和修复；严格按照制造商提供的维修手册和流程进行操作，以避免造成其他损坏或故障；进行维修后，需要进行相应的测试和验证，以确保故障已经被彻底解决，车辆系统可以正常工作。

2. 线束修复技术

车载网络系统的线束是连接各种电子设备和控制单元的重要部件，负责传输电力和数据信号。线束在车辆使用过程中可能会损坏或发生故障，影响车辆的正常运行。线束的修复技术对于维护和保养车载网络系统至关重要。

线束维修与故障排除通常需要进行全面的检查和诊断。技术人员需要使用专业的检测工具和仪器，如多用途车辆诊断仪、电路测试仪等，对线束进行检查和诊断。通过读取车辆的故障码和数据流信息，了解线束可能存在的问题和产生故障的原因。

线束维修与故障排除包括多种技术手段和方法。例如，对于线束断裂或破损的情况，可以采用焊接、绝缘套管包覆、电气胶带缠绕等方法进行修复。对于线束短路或接地故障的情况，可以通过断路器和保险丝等保护装置进行排除。还可以使用线束修复工具和设备，如线束修复套件、线束修复连接器，进行线束的修复和连接。

线束维修与故障排除需要注意安全性和可靠性。在进行修复和排除过程中，需要确保车辆处于停车状态，并断开电源供应，避免发生意外。同时，需要使用高质量的材料和工具，确保修复和排除的效果和稳定性。

完成线束维修与故障排除后，需要进行测试和确认。重新连接电源供应，启动车辆，并通过多种测试和检查，确保线束的修复和排除效果符合要求，车辆可以正常运行。如果发现仍然存在问题，需要及时进行修复和调整，直到问题彻底解决。

（二）静态电流导致的线束故障

静态电流可能导致车载网络系统中线束的故障，这是车辆维修中常见的问题之一。车载网络系统的线束是由多根电缆组成的，用于连接各个部件和设备，传输数据和电源。静态电流可能会对线束产生不良影响，导致线束故障，需要进行维修和故障排除。

线束故障可能表现为线束中的导线断裂、短路、接头松动等问题。这些问题可能会导致车载网络系统中的通信中断、数据丢失、电路故障等故障现象。需要采取一系列的维修和故障排除措施，确保线束的正常工作和通信稳定性。

需要对线束进行全面的检查和测试。通过仔细检查线束的外观和连接，可以发现线束中的导线断裂、接头松动、外部损伤等问题。同时，还可以利用专业的测试工具对线束的连通性、电阻、绝缘等进行测试，帮助技术人员了解线束的实际工作状况。

需要对线束中的故障进行定位和诊断。通过对线束进行检查和测试，可以确定线束中存在的具体故障，如导线断裂、短路、接头松动等。根据故障的具体情况，可以采取相应的维修和故障排除措施，以恢复线束的正常工作。

需要进行线束的维修和修复。根据线束中存在的故障，可以进行导线的修复、接头的重新连接、绝缘的修复等工作。在进行线束的维修过程中，需要注意维修工艺和技术，确保修复后的线束能够满足要求，并且具有良好的可靠性和耐用性。

需要进行线束的测试和验证。在进行线束的维修和修复后，需要进行全面的测试和验证，以确保线束的正常工作和通信稳定性。通过测试和验证，可以发现线束中存在的潜在问题，并及时解决问题，以保证线束的质量和可靠性。

需要对线束进行保养和维护。线束是车载网络系统中的重要部件，需

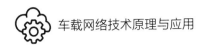

要定期进行保养和维护，以确保其长期稳定运行。这包括定期清洁线束、检查线束的连接和固定、定期进行测试和验证等工作，以延长线束的使用寿命并保证系统的正常工作。

第五节　迈腾轿车车载网络系统检修

一、迈腾轿车车载网络系统的故障诊断

（一）CAN 总线系统故障诊断

1. 使用诊断工具扫描故障代码

使用诊断工具扫描故障代码是解决 CAN 迈腾轿车车载网络系统故障的重要步骤。CAN 迈腾轿车的车载网络系统是车辆中的核心部件，它集成了多个控制单元和传感器，负责监测和控制车辆的各种功能。当车载网络系统出现故障时，使用诊断工具扫描故障代码能够快速定位问题，并进行有效的故障诊断和修复。

诊断工具是一种专门设计用于扫描车载网络系统的故障代码的设备。它可以通过连接到车载诊断接口（OBD-Ⅱ接口）来读取车辆的故障代码和诊断数据。当车辆出现故障时，控制单元会记录相应的故障代码，并存储在车辆的电子控制模块中。使用诊断工具可以轻松地读取这些故障代码，帮助技术人员快速识别和解决问题。

扫描故障代码的过程通常包括：技术人员将诊断工具连接到车载诊断接口，并启动诊断工具；诊断工具会与车载网络系统建立通信，读取存储在控制单元中的故障代码，诊断工具会将这些故障代码显示在屏幕上，同时提供相应的故障描述和建议的修复步骤；根据扫描结果，技术人员可以进一步对车辆进行检查和维修，以处理故障并恢复车辆的正常运行状态。

在 CAN 迈腾轿车车载网络系统的故障诊断过程中，诊断工具的使用特点包括：诊断工具具有高度的兼容性，能够支持多种车型和车载网络系统的诊断，包括 CAN 迈腾轿车的系统；诊断工具具备强大的功能，能够读取并解析各种类型的故障代码，并提供详尽的诊断报告和建议；诊断工具操作简便，技师可以通过简单的操作步骤完成扫描和诊断过程，节省时间和人力成本；最重要的是，诊断工具能够帮助技师准确地定位故障，并采取有效的措施进行修复，从而确保车辆的安全性和可靠性。

2. 检查 CAN 控制器和节点设备

迈腾轿车的车载网络系统采用了 CAN 总线作为其核心通信系统。在故障诊断方面，检查 CAN 控制器和节点设备是至关重要的步骤。CAN 控制器是负责管理和控制 CAN 总线通信的主要组件，而节点设备则是与 CAN 总线相连的各个子系统和传感器。通过检查 CAN 控制器和节点设备，可以及时发现并排除系统中的故障和问题，保证车辆的安全性和稳定性。

检查 CAN 控制器是故障诊断的关键步骤之一。CAN 控制器负责管理和调度 CAN 总线上的数据传输和通信，是整个车载网络系统的核心部件。通过检查 CAN 控制器的工作状态、连接情况、电源供应等方面，可以了解其是否正常工作。如果发现 CAN 控制器存在故障或异常情况，需要及时进行修复或更换，以恢复系统的正常功能。

检查节点设备是故障诊断的另一个重要步骤。节点设备是与 CAN 总线相连的各个子系统和传感器，负责收集和传输车辆内部的各种数据和信息。通过检查节点设备的工作状态、通信连接和数据传输情况，可以判断节点设备是否存在故障或异常。如果发现节点设备存在问题，需要及时进行修复或更换，以确保车辆内部各个系统的正常运行。

故障诊断还需要考虑 CAN 总线的通信协议和错误检测机制。CAN 总线采用了高度可靠的通信协议和错误检测机制，能够及时发现和纠正数据传输中的错误和干扰。通过监测 CAN 总线上的数据流量、错误帧和错误码，

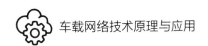

可以判断是否存在通信故障或数据错误。如果发现CAN总线存在通信问题，需要进一步排查并解决故障原因，以确保系统的正常通信和数据传输。

故障诊断还需要结合专业的诊断工具和技术来进行。现代汽车配备了各种诊断工具和设备，能够对车载网络系统进行全面的诊断和测试。通过使用诊断工具，可以对CAN控制器和节点设备进行详细的检测和分析，发现潜在的故障和问题，并及时进行修复和调整。

（二）LIN 总线系统故障诊断

迈腾轿车的车载网络系统是一套复杂的系统，其中 LIN 总线系统作为其重要组成部分，负责管理和控制车辆内部各种辅助功能的通信和控制。故障诊断对于保障车载网络系统的稳定运行至关重要。

故障诊断的第一步是检查 LIN 总线的物理连接。物理连接包括连接线路、连接器和节点设备。检查线路是否受损或断开，注意检查线路的整体布局和连接情况。检查连接器是否松动或生锈，确保连接器的稳固性和可靠性。检查各个节点设备的连接状态和工作状态，包括控制单元、传感器等。通过检查物理连接，可以初步判断是否存在线路断开、接触不良、设备故障等问题。

进行 LIN 总线的电气特性检测。电气特性检测包括电压、电流、信号质量等方面。通过专业的测试工具和设备，对 LIN 总线上的电压和电流进行测量和分析，以及时发现电气问题。同时，监测 LIN 总线上的信号质量，包括抗干扰能力和数据传输速率等，以评估 LIN 总线的稳定性和可靠性。

进行 LIN 总线通信协议的检查和分析。LIN 总线通信协议是控制和管理数据传输的重要规范。通过监测 LIN 总线上的通信数据包、帧格式、通信周期等，可以分析出现的通信问题和异常情况。例如，是否存在数据丢失、错误帧、通信超时等问题。通过检查通信协议，可以帮助定位故障的具体原因和范围。

进行专业的诊断工具和设备的应用。现代汽车配备了各种诊断工具和设备，能够对车载网络系统进行全面的诊断和测试。通过连接诊断工具，可以实时监测 LIN 总线的状态和工作情况，捕获和记录故障码和报警信息。通过分析诊断数据，可以准确判断故障的类型和位置，并采取相应的修复措施。

二、迈腾轿车车载网络系统的维护与修复

（一）CAN 总线系统维护

在车载系统中，CAN 总线连接线路扮演着至关重要的角色，它负责传输各种车辆系统之间的数据和指令，保证车辆的正常运行和通信。由于长期使用或外部损坏等原因，CAN 总线连接线路可能会出现故障或损坏的情况，需要及时更换以恢复系统的正常功能。就像对一辆迈腾轿车的车载系统进行维护一样，更换损坏的 CAN 总线连接线路是至关重要的一步。

更换损坏的 CAN 总线连接线路需要进行系统诊断和故障排除。在发现 CAN 总线连接线路损坏的情况下，首先需要通过诊断工具对车辆的电子系统进行检测，确认故障的具体位置和原因。这一步骤至关重要，它能够帮助技术人员准确定位故障，并为后续的维修工作提供指导和依据。

更换损坏的 CAN 总线连接线路需要采取合适的维修措施。一旦确定了故障的位置和原因，就需要对损坏的 CAN 总线连接线路进行更换。这包括拆除损坏的线路、安装新的线路、连接好各个部件，并确保线路的固定和绝缘。在进行这一过程时，需要特别注意线路的接头和连接方式，确保连接牢固可靠，避免出现松动或短路等问题。

更换损坏的 CAN 总线连接线路还需要进行测试和调试。在完成线路更换后，需要对整个车辆系统进行测试，确保新线路的正常工作和通信。这包括测试各个系统之间的数据传输、功能操作、性能表现等，以确保整个车辆系统的稳定性和可靠性。如果发现任何异常情况，还需要及时调试和修复，直到系统完全正常。

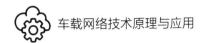

除了技术层面的操作，更换损坏的 CAN 总线连接线路还需要注意一些安全和保护措施。需要确保在更换线路时，车辆处于安全停放状态，避免在行驶过程中进行维修，以免发生意外。需要注意线路绝缘和防护，避免线路受到外部环境的损坏或干扰，影响线路的正常工作和通信。

更换损坏的 CAN 总线连接线路还需要进行记录和备份。在完成线路更换和调试后，需要对整个维修过程进行记录，包括故障诊断、维修措施、测试结果等。这有助于今后对车辆系统进行跟踪和管理，及时发现和解决类似问题。同时，还可以将故障线路的相关信息进行备份，以备将来参考和应用。

更换损坏的 CAN 总线连接线路是维护迈腾轿车车载系统正常运行的重要一环。它需要进行系统诊断和故障排除、采取合适的维修措施、进行测试和调试、注意安全和保护措施，以及记录和备份相关信息。只有这样，才能保证车载系统的稳定性和可靠性，为车主提供更安全、更舒适的驾驶体验。

（二）LIN 总线系统维护

1. 更换损坏的 LIN 总线连接线路

在迈腾轿车的车载系统中，LIN 总线起着至关重要的作用，它连接了诸多车辆电子控制单元，如仪表盘控制单元、门控制单元、座椅控制单元等，实现了这些控制单元之间的数据交换和通信。由于车辆在行驶过程中受到各种外界环境和因素的影响，LIN 总线连接线路有可能会损坏，导致车载系统出现故障。因此，及时发现并更换损坏的 LIN 总线连接线路对于维护车辆正常运行至关重要。

诊断 LIN 总线连接线路的损坏是解决问题的第一步。车辆故障诊断设备可以通过连接到车辆的诊断接口，对 LIN 总线进行诊断和检测，查找是否存在线路断开、短路等问题。同时，车辆电子控制单元可能会记录下故障码，这些故障码能够提供宝贵的线索，帮助技术人员准确定位故障原因。

一旦确定了 LIN 总线连接线路损坏的位置，就需要及时进行更换维修。通常情况下，线路损坏可能是由于线路老化、断裂、接头腐蚀等原因造成的。根据具体情况，可能需要更换整段线路或者仅仅是修复其中的一个连接点。在更换线路时，需要注意选择与原线路相同规格和型号的线材，并确保连接牢固、绝缘良好，以免再次出现故障。

除了更换损坏的 LIN 总线连接线路外，还需要对其他相关部件进行检查和维护。例如，检查 LIN 总线连接器是否存在松动或腐蚀现象，及时清理和紧固连接器，确保连接良好；同时，检查 LIN 总线连接点附近是否存在其他损坏或故障，如保险丝、接地线等，必要时进行修复或更换。

在更换损坏的 LIN 总线连接线路后，还需要进行系统测试和调试，确保车载系统正常运行。通过车辆故障诊断设备对车辆进行全面检测，验证 LIN 总线连接线路的稳定性和可靠性，确保车辆可以正常行驶和运行。

及时发现并更换损坏的 LIN 总线连接线路对于维护车辆的正常运行至关重要。通过正确的诊断和维修方法，可以有效解决 LIN 总线连接线路损坏导致的车载系统故障，保障车辆的安全性和稳定性。同时，定期检查和维护车辆的 LIN 总线连接线路，可以预防线路损坏，延长车辆的使用寿命，提高车辆的可靠性和安全性。

2. 重新配置或更新 LIN 总线节点软件

维护和修复迈腾轿车的车载网络系统时，重新配置或更新 LIN 总线节点软件是一项关键任务。LIN 总线节点软件是车辆中负责控制和管理各种功能的重要组成部分，因此保持其正常运行至关重要。

进行重新配置或更新 LIN 总线节点软件需要对车辆的现有软件进行全面的评估和分析。技术人员需要了解当前软件版本的功能、性能和稳定性，并确定是否存在需要更新或修复的问题。这可能涉及对车载网络系统的整体架构和功能进行深入的理解和分析。

重新配置或更新 LIN 总线节点软件需要采用适当的工具和技术。技术人员通常会使用专业的诊断设备和编程工具，以确保对软件的更新和配置能够顺利进行。他们可能需要访问制造商提供的软件更新和配置文件，或者根据车辆的特定需求定制软件。

重新配置或更新 LIN 总线节点软件需要进行严格的测试和验证。在将新软件加载到车辆中之前，技术人员需要对其进行全面的功能和性能测试，以确保新软件能够与现有系统完全兼容，并且能够正常运行。这可能涉及对软件进行模拟测试、仿真测试、实际车辆测试等多种测试手段。

重新配置或更新 LIN 总线节点软件需要遵循严格的安全和保密标准。技术人员需要确保所有的软件更新和配置都符合相关的法律法规和行业标准，以保护车辆和车主的信息安全和隐私。他们需要采取一系列措施，如加密传输数据、限制访问权限等，以确保软件更新过程的安全性和可靠性。

重新配置或更新 LIN 总线节点软件需要与车辆制造商和相关供应商进行密切合作。技术人员可能需要与制造商的工程师和技术支持团队联系，获取最新的软件更新和配置信息，以及技术支持和指导。这种合作可以确保软件更新和配置过程的顺利进行，使系统的稳定性和可靠性得到保障。

重新配置或更新迈腾轿车的车载网络系统的 LIN 总线节点软件是一项复杂而重要的任务，涉及软件评估、工具选择、测试验证、安全保密、与相关方的合作等多个方面。通过合理的规划和执行，可以确保车载网络系统的正常运行和车辆的安全性，为车主提供更加可靠的驾驶体验。

参考文献

［1］徐志山. "四位一体"高职课程教学模式设计与应用——以"汽车单片机及车载网络技术"课程为例［J］. 职业教育研究，2023（10）：77-82.

［2］李良斐，张银平. 车载网络技术现状及对比分析［J］. 农机使用与维修，2022（8）：84-86.

［3］杨炜，马辉，刘晶郁等. 基于 MOOC+SPOC 的车载网络技术课程线上线下混合式教学研究与探索［J］. 高教学刊，2021，7（21）：93-96.

［4］郑景旺. 研究车载网络技术的应用现状和发展［J］. 时代汽车，2021（5）：27-28.

［5］龚小祥，何春蓉，晏娟. 汽车传感器与车载网络技术教学改革探讨［J］. 中国现代教育装备，2020（9）：135-137.

［6］岳喜展. 基于汽车智能化的车载网络技术研究［J］. 汽车工业研究，2020（1）：26-27.

［7］王振龙. 汽车应急模式及车载网络技术对故障诊断的干扰［J］. 汽车维修与保养，2018（9）：62-64.

［8］李敬斌. 商用车车载网络技术平台化设计与应用［J］. 汽车电器，2017（6）：20-23.

［9］吴晨. 车载网络技术的应用及发展现状［J］. 中外企业家，2016（31）：

173+184.

[10] 邓桂芳. 车载网络技术应用汇聚新蓝海［J］. 中国公共安全，2016
（14）：116-124.

[11] 刘新磊. 车载网络技术课程教学改革探讨与实践[J]. 科技视界，2016
（7）：179-180.

[12] 于晨斯. 现代汽车车载网络技术应用探析［J］. 科技资讯，2015，13
（20）：11-12.

[13] 许信冬. 浅谈车载网络技术对汽车的影响［J］. 无线互联科技，2015
（8）：141，144.

[14] 黄晓鹏，蔺宏良. 基于汽车启停系统的车载网络技术研究［J］. 汽车
实用技术，2014（10）：30-32.

[15] 郭雪剑. 现代汽车车载网络技术应用[J]. 电子技术与软件工程，2014
（18）：41.

[16] 张亚宁，潘宗友. 浅谈车载网络技术的应用［J］. 汽车零部件，2014
（5）：77-78.

[17] 宋捷. 车载网络技术对汽车传统电路的影响［J］. 湖南农机，2013，
40（7）：107-108，110.

[18] 牛本宽，牛宾强. 车载网络技术在宝马汽车上的应用（下）[J］. 汽车
维修与保养，2013（6）：91-93.

[19] 王理冬. 基于生成对抗网络的车载网络入侵检测系统［J］. 安徽电子
信息职业技术学院学报，2023，22（4）：24-28.

[20] 曾颖丰，殷素萍，高锋等. 中速磁浮列车最小运行单元关键技术研究
及实现［J］. 电力机车与城轨车辆，2023，46（6）：23-27.